锤炼成长　追梦青春
——职业精神培育

主　编	刘晓帆	周文武	黄建成
副主编	于文娟	谭　健	周国银
	王　飞	黄　龙	杨　明
	黄　晶	胡玉姣	唐　维

电子工业出版社
Publishing House of Electronics Industry
北京·BEIJING

内 容 简 介

全书围绕 36 个主题活动展开，从尊重职业院校学生成长规律出发，围绕职业理想、职业道德、职业能力、创新创业四大内容，寓教于活动中，帮助学生认知职业，了解职业所需要具备的职业素养，树立远大的职业理想，培养良好的职业能力，形成正确的职业观、事业观。

本书是职业院校核心素养主题班会系列教材中的第四册，既可作为职业院校班主任和学生召开主题班会的教材，也可作为社会实践活动的辅助教材，还可作为思政教师和学生管理工作者的重要参考资料。

未经许可，不得以任何方式复制或抄袭本书之部分或全部内容。
版权所有，侵权必究。

图书在版编目（CIP）数据

锤炼成长　追梦青春：职业精神培育 / 刘晓帆，周文武，黄建成主编．—北京：电子工业出版社，2022.7
ISBN 978-7-121-43529-4

I．①锤… II．①刘… ②周… ③黄… III．①职业道德—中等专业学校—教材　IV．①B822.9

中国版本图书馆 CIP 数据核字（2022）第 088207 号

责任编辑：程超群
印　　刷：中国电影出版社印刷厂
装　　订：中国电影出版社印刷厂
出版发行：电子工业出版社
　　　　　北京市海淀区万寿路 173 信箱　邮编　100036
开　　本：787×1 092　1/16　印张：12.25　字数：314 千字
版　　次：2022 年 7 月第 1 版
印　　次：2022 年 7 月第 1 次印刷
定　　价：42.00 元

凡所购买电子工业出版社图书有缺损问题，请向购买书店调换。若书店售缺，请与本社发行部联系，联系及邮购电话：(010) 88254888，88258888。
质量投诉请发邮件至 zlts@phei.com.cn，盗版侵权举报请发邮件至 dbqq@phei.com.cn。
本书咨询联系方式：(010) 88254577。

编写委员会

主任委员：刘　旸　湖南省职业技术培训研究室

副主任委员：（排名不分先后）
　　　　　邱家才　雷和平　唐海君

委　　员：（排名不分先后）
　　　　罗　莹　胡亚明　谢革非　李兴魁　刘祖应　姜协武　高广安
　　　　罗湘明　廖光中　熊福意　易　灿　肖　评　游红军　冯国庆
　　　　何立山　姜　洪　曾　胜　贺　斌　欧惠平　刘　娟　谢　穗
　　　　贺　辉　向　波　彭伊凡　张　斌　郭　彪　张远红　贺志华
　　　　陈实现　刘彦波　刘　颖　李　皑　陈法安　殷建国　邹仁义
　　　　周正耀　丁志强　黄　鑫　黎　军　尹存成　柏先红　王中军
　　　　曹钰涵　谭翔北　刘　清　沈朝辉　甘云平　金之椰　李繁华
　　　　申学高　窦　伟　兰建国　钟　睿　黄俊云　胡贤燎　肖晓光
　　　　张　倩　刘春兰

序言

为学生的终身发展奠基

职业教育与普通教育具有同等重要地位，肩负着为党育人、为国育才的历史使命。这就要求我们必须落实立德树人根本任务，立足学生的终身发展，提升其核心素养，为我国经济社会发展提供有力的人才支撑，实现中华民族伟大复兴中国梦。

一、培育学生核心素养是新时代对技能人才的新呼唤

2014 年发布的《教育部关于全面深化课程改革落实立德树人根本任务的意见》（教基二〔2014〕4 号）提出，"研究制订学生发展核心素养体系和学业质量标准……明确学生应具备的适应终身发展和社会发展需要的必备品格和关键能力"。这是我国首次提出"核心素养体系"的概念。2016 年 9 月 13 日，《中国学生发展核心素养》正式发布，明确学生应具备的、能够适应终身发展和社会发展需要的必备品格和关键能力，是关于学生知识、技能、情感、态度、价值观等多方面要求的综合表现。它以培养"全面发展的人"为核心，分为文化基础、自主发展、社会参与 3 个方面，综合表现为人文底蕴、科学精神、学会学习、健康生活、责任担当、实践创新六大素养。它根植于中国传统文化，适应现代化要求，紧扣我国国情，满足学生需要的"核心素养"，为新时代人才培育指引了方向。

在未来人力资源市场需求多变的形势下，职业院校不仅应重视学生习得足够的基础知识、基本技能，还要注重学生认识能力、理解判断能力、综合能力等核心素养的培育。

二、牢牢把握培育学生发展核心素养的新理念和新要求

《中国学生发展核心素养》中提出的中国学生发展应该具备六大素养以及 18

个基本要点。各素养之间相互联系、相互补充、相互促进，在不同情境中整体发挥作用。

一是文化基础。它涵盖人文、科学等各领域的知识和技能，掌握和运用人类优秀智慧成果，追求真善美的统一，让学生发展成为有宽厚文化基础、有更高精神追求的劳动者。第一，包括人文底蕴，主要是学生在学习、理解、运用人文领域知识和技能等方面所形成的基本能力、情感态度和价值取向，涵盖了人文积淀、人文情怀和审美情趣等基本要点。第二，体现在科学精神，是学生在学习、理解、运用科学知识和技能等方面所形成的价值标准、思维方式和行为表现，涵盖了理性思维、批判质疑、勇于探究等基本要点。

二是自主发展。它表达的是能有效管理自己的学习和生活，认识和发现自我价值，发掘自身潜力，有效应对复杂多变的环境，成就出彩人生，发展成为有明确人生方向、有生活品质的劳动者。第一，学习能力，这是学生在学习意识形成、学习方式方法选择、学习进程评估调控等方面的综合表现，具体包括乐学善学、勤于反思、信息意识等基本要点。第二，健康生活，这是学生在认识自我、发展身心、规划人生等方面的综合表现，具体内容有珍爱生命、健全人格、自我管理等基本要点。

三是社会参与。它强调能处理好自我与社会的关系，养成现代公民所必须遵守和履行的道德准则和行为规范，增强社会责任感，提升创新精神和实践能力，促进个人价值实现，推动社会发展进步，发展成为有理想信念、敢于担当的劳动者。第一，责任担当，学生在处理与社会、国家、国际等关系方面所形成的情感态度、价值取向和行为方式，具体有社会责任、国家认同、国际理解等基本要点。第二，实践创新，这是学生在日常活动、问题解决、适应挑战等方面所形成的实践能力、创新意识和行为表现，包含劳动意识、问题解决、技术应用等基本要点。

三、积极开展职业院校学生核心素养的新探索和新实践

核心素养目标如何达成？通过什么途径实现？这是新时代职业院校培养学生核心素养时需要考虑的重要问题。

职业院校要适应新时代要求，探究和把握学生成长规律，丰富学生核心素养培育载体，创新开展课程思政，促进手脑并用、知行合一，加强实践教育。例如，充分发掘主题班会和第二课堂的育人功能，形成健康向上的校园文化氛围，作为学校思政工作的有效补充。

主题班会课是落实思政工作的重要阵地之一，是促进学生健康成长，提升学生核心素养的必要课堂，是对学生进行思想、道德、法治、人格、心理、安全等方面教育的重要途径。

以湖南省商业技师学院为代表的部分技工院校探索基于核心素养培育的体验式主题班会活动，通过体验式主题班会活动的形式，使学生的核心素养能够得到不断培育，有效促进学生掌握所学知识与技能，激发学习兴趣，培养创新意识，促进个性发展，提升多元化能力，从而使学生能够更好地适应社会发展的需求。这是一种很好的尝试和实践，很有意义。

围绕这个课题，湖南省职业技术培训研究室牵头，组织部分技工院校，突出立德树人这一根本任务，利用主题班会课，培育学生的核心素养，使之内化于心、外化于行，遵循学生身心成长规律，以促进学生全面发展和终身发展为目标。结合学生发展核心素养及职业院校学生的实际情况，采用模块化设计，开发了"职业院校学生发展核心素养系列读本"，包括《自主能力发展》《人文底蕴素养》《社会参与能力》《职业精神培育》四本读本，每本读本设计了36个主题活动，通过4个维度144个主题活动，构建规范的学生发展核心素养主题班会活动体系，多角度、多层面，深入浅出地引导学生体会人生哲理、学习优秀文化、参与社会活动、培育职业精神，达到加强学生自主管理、增强文化自信、勇于承担责任、提升职业能力的目的，最终实现培养有理想信念、家国情怀、精湛技艺、创新精神的未来工匠之目的。

探索新时代学生核心素养培育途径是一个永不落幕的课题，希望有更多关注技能人才培育的有识之士共同探讨和研究，共同推动这项有意义的工作，为提高学生的核心素养，增强就业竞争力，提升适应岗位及职业变化的能力，为学生的可持续健康发展，提供可借鉴的方法和模式。

前　言

为了贯彻落实立德树人根本任务，为各职业院校开展学生思想政治教育提供参考，我们根据教育部发布的《中国学生发展核心素养》组织编写了本套丛书，包括自主能力、人文素养、社会参与、职业能力4册。每册书的内容按周班会围绕主题活动展开，尊重职业院校学生的成长规律，在轻松活泼的活动中，结合理论学习，帮助学生认识自我，学会识别正确的信息并合理使用，培养正确的世界观、人生观、价值观，从而提升职业院校学生的自我管理能力，更加有效地学习和有品质地生活。

本书是职业院校核心素养主题班会系列教材中的第四册，共有36个主题活动，主要包括职业理想、职业道德、职业能力、创新创业。每个主题活动包括活动目标、活动探究、活动体验、活动回顾、活动延伸五个部分。全书采用活动体验式的结构，结合复盘反思的方式，以立德树人为根本，以理想信念教育为核心，以社会主义核心价值观为引领，以全面提高学生综合职业能力为关键，以学生为主体，重塑师生关系，使班会真正成为学生自我教育、自我成长的平台，让思想教育真正内化为行为习惯，知行合一，切实提高学生思政工作的实效性，开创新时代职业院校思政工作的新局面。

本书的编者都是来自工作一线的班主任、学生工作管理者及职业教育专家，有着丰富的理论积淀和实战经验。本书遵循教育规律、思想政治工作规律、职业院校学生成长规律，把握学生的思想特点和发展需求，以中国学生核心素养为脉络，不仅图文并茂、通俗易懂，而且还有课后拓展和社会实践。既有贴合时代的宏大主题，又有帮助学生学习成长的细致关怀，使本书更贴近学生生活、联系学生实际，真正做到了"接地气"，可有效地提高主题班会的质量。

本书由刘晓帆、周文武、黄建成担任主编，于文娟、谭健、周国银、王飞、黄龙、杨明、黄晶、胡玉姣、唐维担任副主编。其中，刘晓帆撰写了活动 15～活动 20；于文娟撰写了活动 1～活动 8；谭健撰写了活动 28～活动 30；周国银撰写了活动 31～活动 36；王飞撰写了活动 13～活动 14 和活动 25～活动 26；黄龙撰写了活动 9 和活动 21，并与杨明共同撰写了活动 22～活动 24；黄晶撰写了活动 10；胡玉姣撰写了活动 11 和活动 12；唐维撰写了活动 27。

　　受编者水平所限，书中难免存在不足，由衷地希望使用本书的师生提出宝贵意见。

编　者

目　录

活动 1　职业知多少 ··· 001

活动 2　我相信，我能行 ··· 006

活动 3　我喜欢，我选择 ··· 011

活动 4　选择他，成就他 ··· 015

活动 5　理想引领前行 ··· 019

活动 6　树立职业理想 ··· 022

活动 7　求职，我有信心 ··· 025

活动 8　面试，我能成功 ··· 028

活动 9　立足专业，爱业乐业 ····································· 032

活动 10　找准目标，脚踏实地 ··································· 037

活动 11　初心方寸，咫尺匠心 ··································· 042

活动 12　追求卓越，匠心筑梦 ··································· 047

活动 13　打好人生最好的底牌 ··································· 052

活动 14　选择，决定未来 ··· 059

活动 15　我们受过专业训练 ······································· 065

活动 16　以生命的名义捍卫职业责任 ······················· 071

活动 17　我一定全力以赴 ··· 077

活动 18　把不可能变成可能 ······································· 083

活动 19　正确处理职场中的利益冲突 ······················· 088

活动 20　巅峰之上再突破 ··· 093

活动 21	与人为善，推进事情	098
活动 22	学会说话，幽默生动	103
活动 23	学会倾听，高效表达	109
活动 24	和谐沟通，从心开始	114
活动 25	人心齐，泰山移	119
活动 26	众人拾柴火焰高	124
活动 27	获取信息，解决问题	130
活动 28	信息真假我来辨	135
活动 29	应对突变我能行	140
活动 30	遇事不慌我能做	145
活动 31	技术引领未来	152
活动 32	大众创业，万众创新	157
活动 33	落后于无知，先进于认知	162
活动 34	细节决定创业成败	167
活动 35	实践是创业的必经之路	173
活动 36	成功永远属于不怕失败的人	178

活动 1　职业知多少

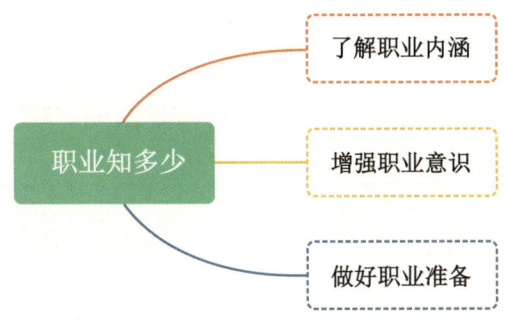

活动目标

1. 了解职业的含义、意义及所学专业对应的相关职业，了解自己的优缺点及所学专业对应职业的匹配度，了解不同职业的前景。
2. 增强职业意识。
3. 做好从业准备。

活动探究

情境导入

人民网 2020 年 9 月 16 日报道，中国工程院院士、军事科学院军事医学研究院研究员陈薇是阻击非典、抗击埃博拉病毒的英雄级人物。2020 年 3 月 16 日，陈薇带领科研团队研制的新冠病毒疫苗，成为国内第一个获批正式进入临床试验的疫苗；4 月 12 日，该疫苗开展二期临床试验，成为当时全球唯一进入二期临床试验的新冠病毒疫苗；8 月 11 日，该疫苗获得国家专利，成为国内首个进入临床获得专利权的新冠疫苗。2020 年 9 月 8 日，陈薇被授予"人民英雄"国家荣誉称号。

◆ 学生思考

1. 学生在老师的指导下，查找有关陈薇院士的采访、报道，讲述你眼中的陈薇院士是怎样一个人。她的经历中对你触动最大的是什么？

2. 设想一下，如果你是陈薇院士，面临最初的高薪工作和艰苦的从军条件，你会如何选择？

❋ 知识探究

1. 职业的含义

《辞海》对职业的定义：人们所从事，赖以谋生的工作的性质、内容和方式。

2. 职业的意义

职业对于个人，具有维持生活、参与社会活动、发挥才能的作用；对于社会，具有实现社会控制、维持社会运转、为社会创造财富的功能。（来源于《辞海》）

活动体验

全班同学划分为 3 个小组，分别完成以下任务。

讨论本专业的相关职业有哪些，然后由 1 位同学作为本小组代表进行汇总分享。

在老师的指导下，搜集本专业相关的职业名人图片或小视频，并通过多媒体进行播放（或展示），然后由 1 位同学分享体会。

选派 3 位同学进行表演。

游戏规则：3 人一组，排成一列，第一位同学把自己将来想要从事的职业通过动作表演给第二位同学看，第三位同学背对前两位同学，等第一位同学表演完后，再由第二位同学表演给第三位同学看，最后由第三位同学猜出第一位同学想要从事的职业是什么。

职业精神培育

动

以小组为单位，每人列出 4 条本人的优点以及想从事的职业，然后进行组内点评，看看别人眼中的你是什么样的，还有哪些你没有意识到的优点，是否适合你想从事的职业。

活动回顾

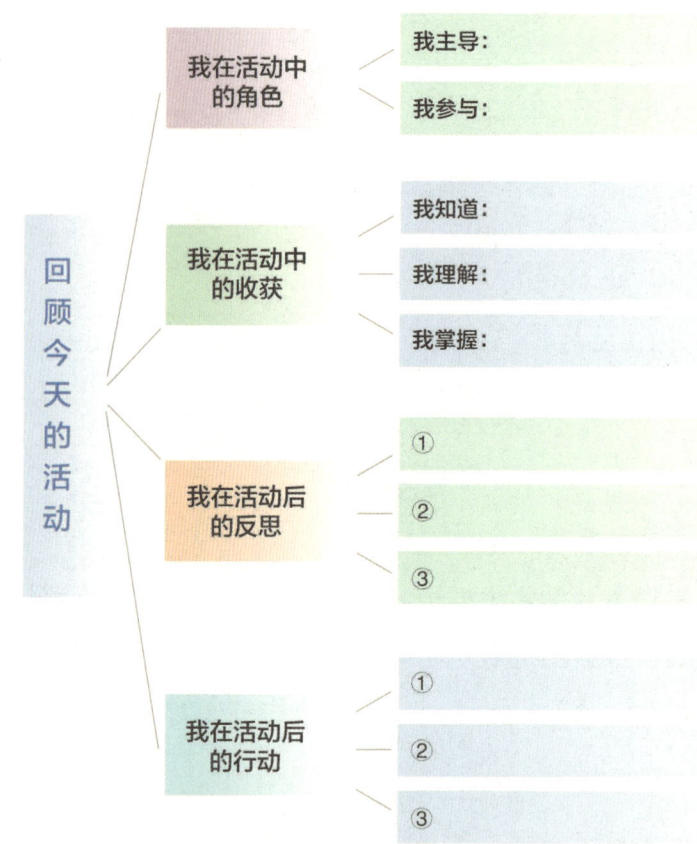

活动延伸

写

1. 了解新兴职业

在老师的指导下，搜索一下新兴职业有哪些。你对哪个职业感

兴趣？写出你产生兴趣的原因。

2. 阅读卡尔·马克思的《青年在选择职业时的考虑》，并写出不少于 200 字的感想。

活动 2　我相信，我能行

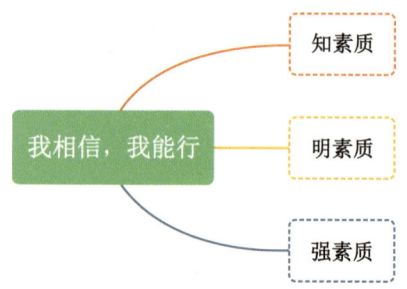

活动目标

1. 了解不同职业对从业者的素质要求。
2. 树立学习理念，培养职业素质意识，树立行行出状元的理念。
3. 提高综合素质，为步入职场做好准备。

活动探究

情境导入

谈谈你所了解的本专业优秀毕业生的事迹。

学生思考

你所了解的优秀毕业生在专业知识和技能方面如何？他/她是如何成为现在的自己的？

🌸 知识探究

1. 职业素质的含义

职业对从业者的要求，我们称之为职业素质。职业素质是指劳动者在一定的生理和心理条件基础上，通过教育、实践和自我修养等方式形成和发展起来的，在职业活动中表现出来的综合品质。不同的职业对劳动者的素质要求的侧重点虽有不同，但也有共同点。

2. 职业素质的内容

职业素质包括身体心理素质、职业道德素质、科学文化素质、职业能力素质。

身体心理素质：劳动者在从事某一职业时所需具备的健康的身体和健全的心理。健康的身体主要表现为能完成职业所要求的身体条件。健全的心理主要表现为能力齐备、情感健康、意志坚强。

职业道德素质：从业人员在职业活动中应当遵循的行为准则，在职业活动中形成和发展，以调节职业活动中的特殊道德关系和利益矛盾，是一般社会道德在职业活动的体现。社会主义职业道德的基本要求是爱岗敬业、诚实守信、办事公道、服务群众、奉献社会等。各行各业都有各自特殊的职业道德要求。

科学文化素质：从业者对自然、社会、思维、科学知识等人类文化知识掌握的程度。

职业能力素质：个人将所学的知识、技能和态度在特定的职业活动或情境中进行类化迁移与整合所形成的能完成一定职业任务的能力，包括基础能力素质和专业能力素质。基础能力素质包括团队合作力、沟通影响力、执行能力、自控能力、学习能力、应变能力、组织协调能力等。专业能力素质是完成某类部门职责或者岗位职责应具备的综合素质，不同职业有不同的专业能力素质要求。

身体心理素质是职业素质的载体，科学文化素质是职业素质的基础，职业道德素质是职业素质的灵魂，职业能力素质是职业素质的重点。

活动体验

 看

在老师的指导下，搜集体现职业素质的图片或小视频，并通过多媒体进行播放（或展示），谈谈自己的体会。

 找

在老师的指导下，上网查找本专业相关的职业要求的素质有哪些，然后由1位同学集中进行概括，并谈谈自己的心得体会。

 比

列出自己具备的职业素质，对比本专业相关的职业要求的职业素质，看看差距有多大。

 讲

以"职场，我来了"为主题，谈一谈从哪些方面努力培养自己的职业素质，以符合自己目标职业的要求。

活动回顾

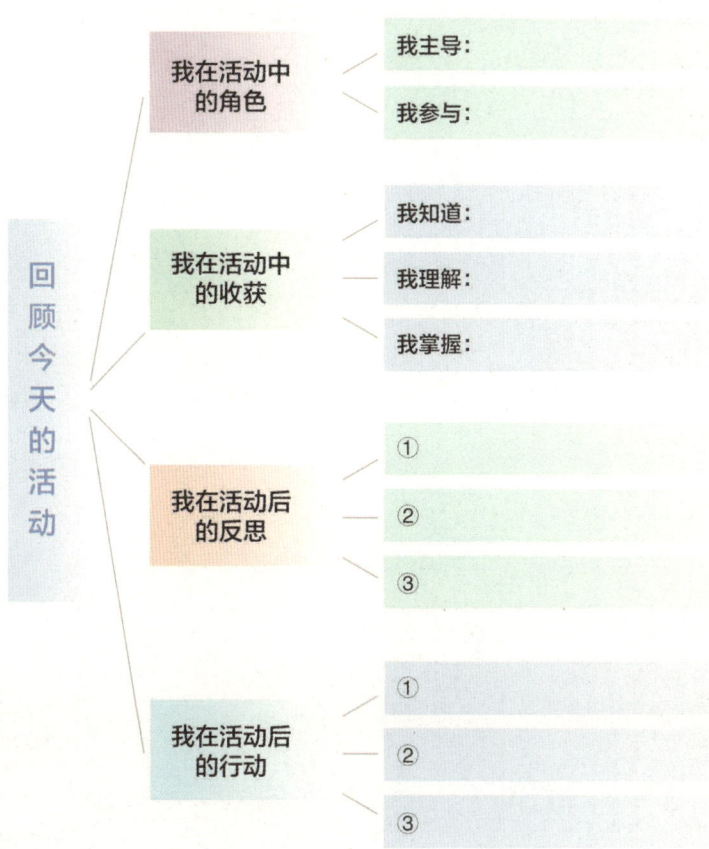

活动延伸

 想

1. 了解并查找你的职业偶像的相关信息，你为什么以他/她为偶像？你从中得到了什么职业发展的感悟？将你的感悟写下来。

2. 阅读推荐：蒂姆·厄班（Tim Urban）的《职业的选择》。每人写一篇不少于 200 字的读书心得。

活动 3　我喜欢，我选择

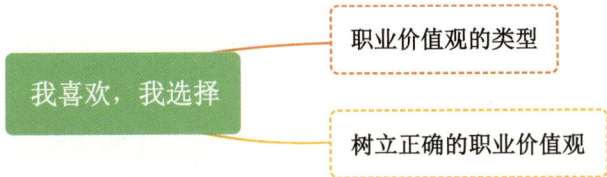

活动目标

1. 了解价值观、职业价值观的含义。
2. 了解职业价值观的种类。
3. 树立正确的职业价值观。

活动探究

情境导入

在老师的指导下，查阅并了解最美退役军人谢彬蓉支教的故事。

学生思考

1. 是什么驱使谢彬蓉放弃安逸舒适的城市生活、放弃成为高薪体面的大学教授的机会，选择到条件艰苦的地方支教？

2. 你还知道哪些让你感动的故事？给大家讲一讲。

 知识探究

《辞海》对价值观的定义：人们对真、善、美价值的认识和追求。集中体现人们的社会理想和人生理想。自人类社会产生阶级对立以来，价值观就具有阶级性。现代社会人们的价值观，具有多元性的特点。

职业价值观是指人生目标和人生态度在职业选择方面的具体表现，决定人的就业方向和职业行为，影响人在职业活动中的态度，是人在从业过程中的驱动力。

活 动 体 验

 谈

你知道十三种价值观吗？谢彬蓉的职业价值观是什么？你的价值观是什么？

 讲

讲一讲你了解的本专业相关的职业要求从业者具备什么样的价值观。

 辩

请以小组为单位展开讨论并分享：你希望职业给你带来什么？你能为未来的职业发展做何努力？

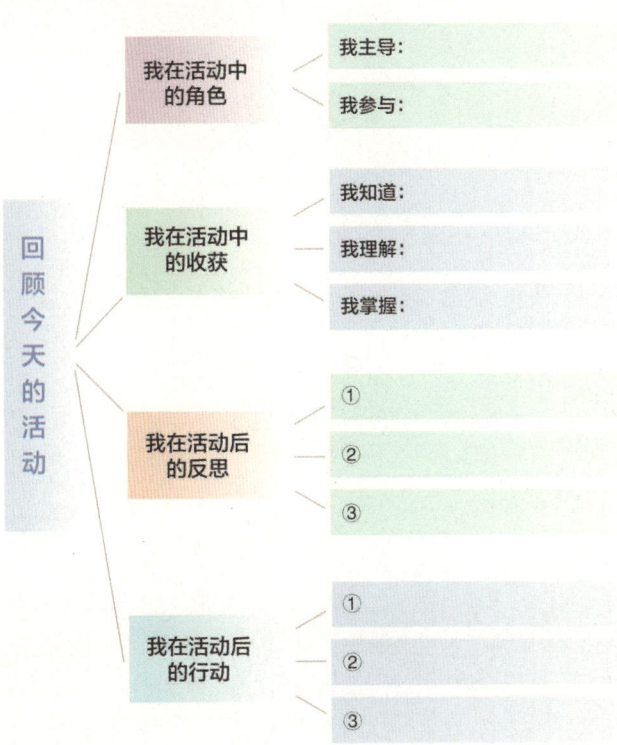

活动延伸

想

在老师的指导下,查找樊锦诗的故事,谈谈你的感想。

活动 4　选择他，成就他

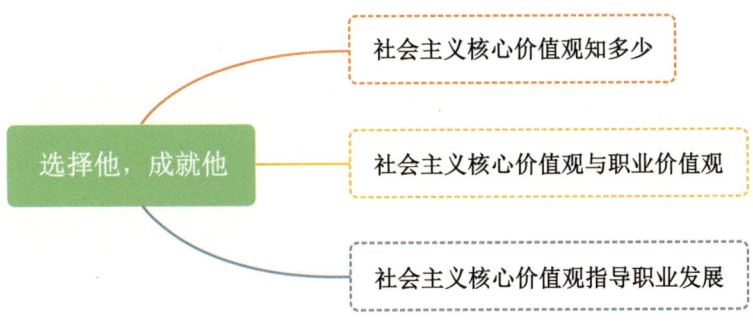

活动目标

1. 了解社会主义核心价值观的内涵，以及社会主义核心价值观与职业价值观的关系。
2. 自觉践行社会主义核心价值观，树立正确的职业价值观。
3. 自觉以社会主义核心价值观指导职业发展。

活动探究

情境导入

黄诗燕同志担任株洲市炎陵县委书记的 9 年里，走遍全县 120 个村庄，带领群众脱贫摘帽；他主导发展黄桃产业，力抓招商引资，让这个工业基础薄弱县的工业园区，综合评价排名跻身全省园区发展前 20 名。

学生思考

1. 在老师的指导下，查找并阅读黄诗燕先进事迹报道。你有何感想？

2. 在你的成长之路上，谁对你的影响最大？为什么？

✦ 知识探究

1. 社会主义核心价值观

《辞海》对社会主义核心价值观的定义：社会主义核心价值体系的内核。核心价值观是一个民族赖以维系的精神纽带，是一个国家共同的思想道德基础。在当代中国，倡导富强、民主、文明、和谐，自由、平等、公正、法治，爱国、敬业、诚信、友善的社会主义核心价值观。富强、民主、文明、和谐是国家层面的价值目标，自由、平等、公正、法治是社会层面的价值取向，爱国、敬业、诚信、友善是公民个人层面的价值准则，这24个字是社会主义核心价值观的基本内容，为培育和践行社会主义核心价值观提供了基本遵循。社会主义核心价值观，集中体现了当代中国精神，凝结着全体人民共同的价值追求。

2. 自觉践行社会主义核心价值观

社会主义核心价值观是我们国家共同的思想道德基础。我们的职业价值观要符合社会主义核心价值观，在职业选择和职业行为中，要自觉践行社会主义核心价值观。只有在具备社会主义核心价值观的基础上，具备职业规范意识、敬业爱业乐业、团结协作、忠诚担当，我们的职业之路才能走得更远。

活动体验

 搜

在老师的指导下,搜一搜网络上、生活中践行社会主义核心价值观的事迹或小视频,或你熟知的职业成功人士的成功经历,谈一谈他们在职业中有何共同点。

 演

以"爱国、敬业、诚信、友善"中任一词语为题进行 3 分钟的演讲。

活动回顾

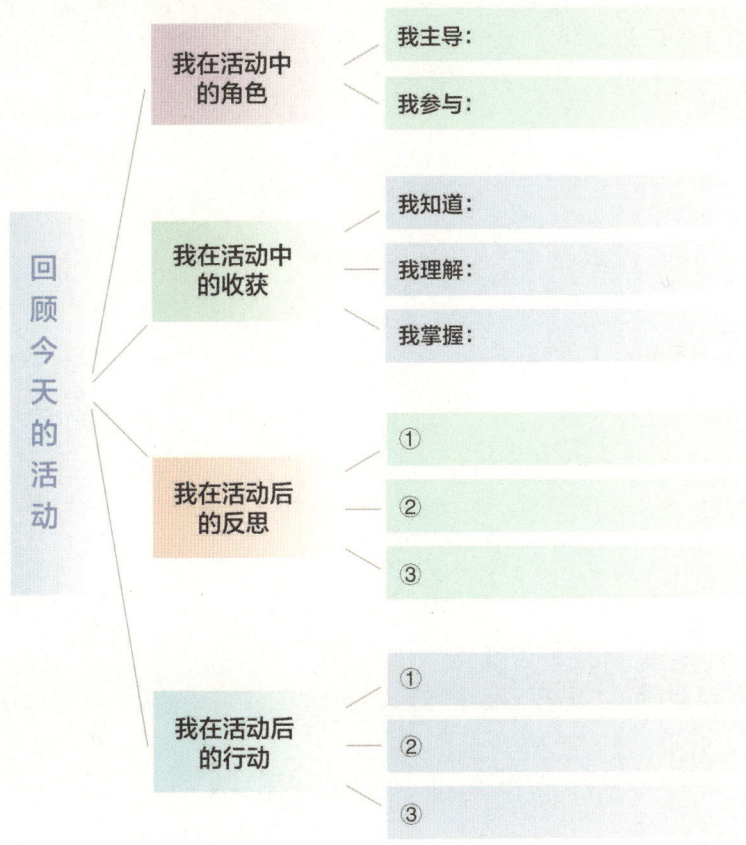

活动延伸

想

阅读推荐:《你在为谁工作》。

古语讲:"不积跬步,无以至千里;不积小流,无以成江海。"在社会竞争日益激烈的今天,注重细节,在小事上下功夫,已经成为所有竞争者击败对手、掌握主动进而走向成功的法宝。阅读完文章后,写下不少于 100 字的读后感。

活动 5　理想引领前行

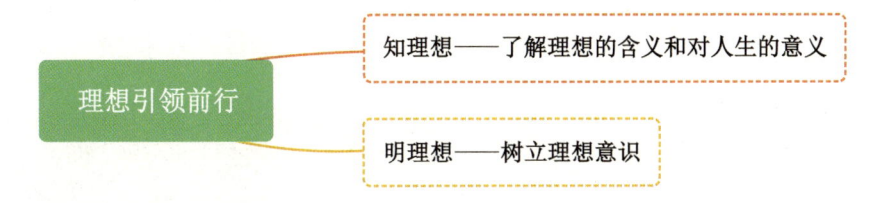

```
理想引领前行 ——知理想——了解理想的含义和对人生的意义
              ——明理想——树立理想意识
```

活动目标

1. 了解理想的含义。
2. 理解理想对于人生的重要意义。
3. 树立理想和信念。

活动探究

情境导入

1911 年，13 岁的周恩来在沈阳关东模范学校读书时，有次修身课上，老师问同学们："诸生为什么而读书？"有的人说："为了明理而读书。"有的说："为了当官而读书。"有的说："为了挣钱而读书。"也有的说："为了吃饭而读书。"只有周恩来说："为中华之崛起而读书。"

学生思考

你有理想吗？你的理想是什么？

019

知识探究

1. 理想的含义

理想是人们对未来事物有根据、合理的想象和希望，是人们在实践过程中形成的、有实现可能性的、对未来社会和自身发展的向往和追求，是人们的世界观、人生观、价值观在奋斗目标上的集中体现。

2. 理想的意义

"理想是指路明灯。没有理想，就没有坚定的方向；没有方向，就没有生活。"

理想对于我们的人生作用体现在：

理想是我们人生的前进动力。人生是实践过程，人们有了坚定的理想信念，才会有惊人的毅力去克服人生中的各种苦难，不断前行。

理想提升人生的精神境界。一个人的理想信念越崇高、越坚定，精神境界和人格就会越高尚。

活动体验

以小组为单位畅想一下 20 年后自己的人生是怎样一番光景，然后表演给大家看。

人应该有理想还是得过且过？请以小组为单位展开辩论。

请 2 位同学点评以上参与活动同学的表现，并畅谈自己的感想。

活动回顾

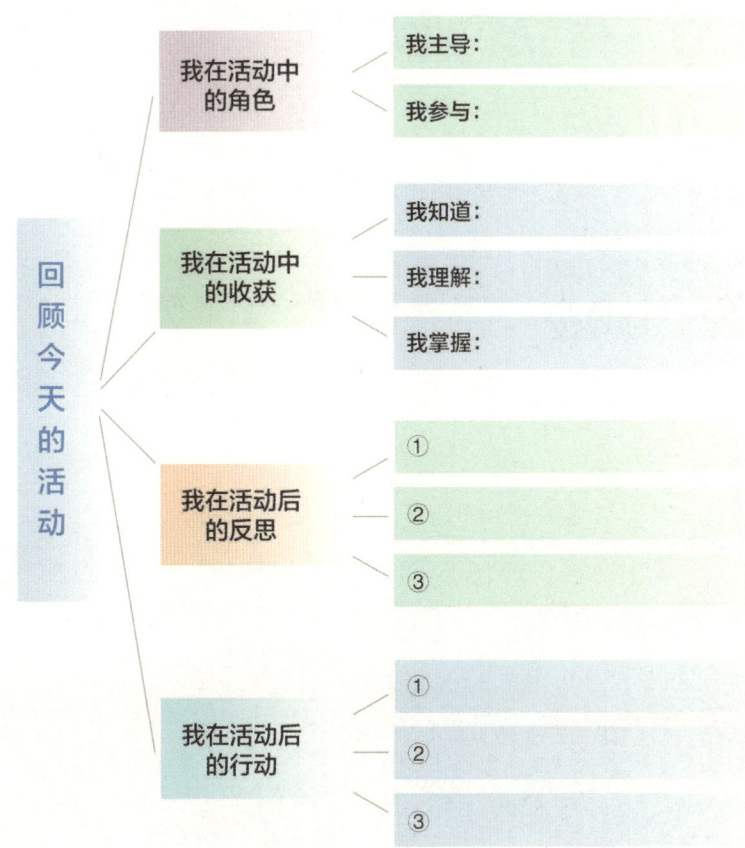

活动延伸

 想

你看过哪些励志的或者以理想为题材的电影或纪录片？给大家介绍一下。

职业精神培育

活动 6　树立职业理想

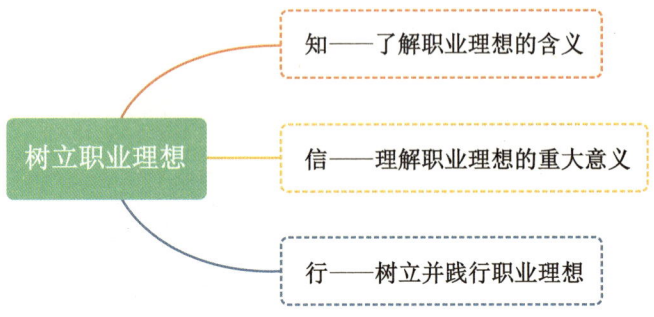

活动目标

1. 了解职业理想的含义。
2. 理解职业理想的重大意义。
3. 树立并践行职业理想。

活动探究

情境导入

职业理想好比自己职业之路上的灯塔,指引着我们前进的方向。

学生思考

职业理想对于人生有何意义?

知识探究

1. 职业理想的含义

职业理想是人们在职业上依据社会条件和个人条件，借想象而确定的奋斗目标，即个人渴望达到的职业境界。职业理想具有社会性、时代性、发展性和个体差异性。

2. 职业理想的意义

职业理想是个人的奋斗源泉。职业理想作为一种具体而现实的奋斗目标，在为我们指出奋斗方向的同时，也会激发我们坚定的意志力，产生责任感、自豪感、光荣感和紧迫感，成为我们的精神支柱和力量源泉，激励我们持久地追求既定目标。

职业理想是实现社会理想的基础。社会理想是人生理想的核心，它影响和制约着职业理想。职业理想和社会理想相辅相成、相互影响。正确的社会理想是人在职业活动中的精神支柱，是全面建成小康社会和实现中华民族伟大复兴的追求，引领着人们在职业活动中付出更多的努力。职业理想是实现社会理想的基础，因为人的社会理想也是通过具体的职业理想的确定和职业活动实现的。作为一名爱国的、有责任心的公民，在确定自己的职业理想时，考虑到的，绝不仅仅是个人的成功和富足，更有对国家富强、社会进步的责任。

活动体验

在老师的指导下，搜集职业理想典型人物或世界技能竞赛获奖者有关图片或视频，并派代表展示搜集的有关资料。

以"我的职业理想"为题进行3分钟的演讲。演讲完成后，

请同学们分享体会。

活动回顾

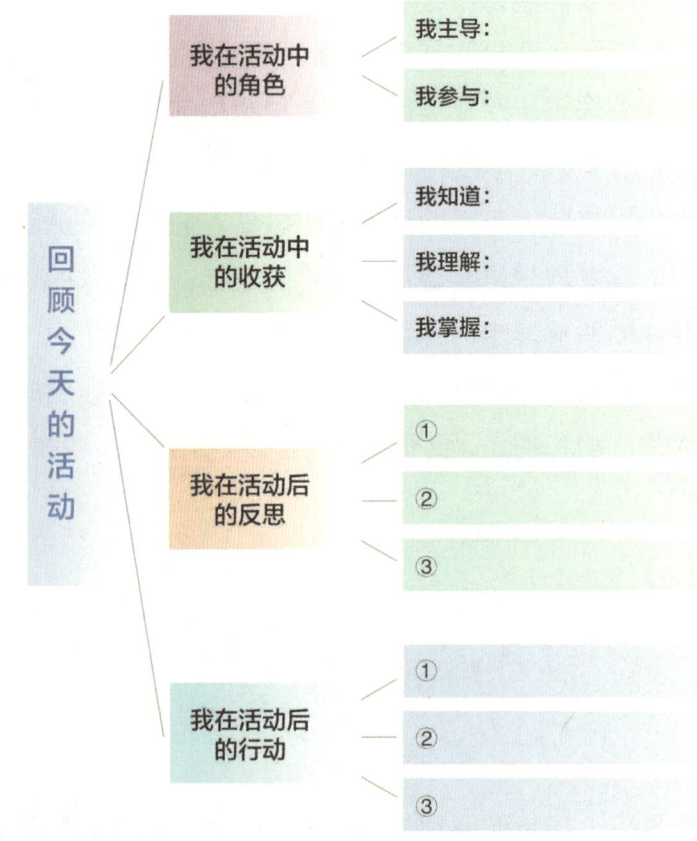

活动延伸

以小组为单位采访本专业的优秀毕业生，并剪辑成视频分享给大家。

活动 7 求职，我有信心

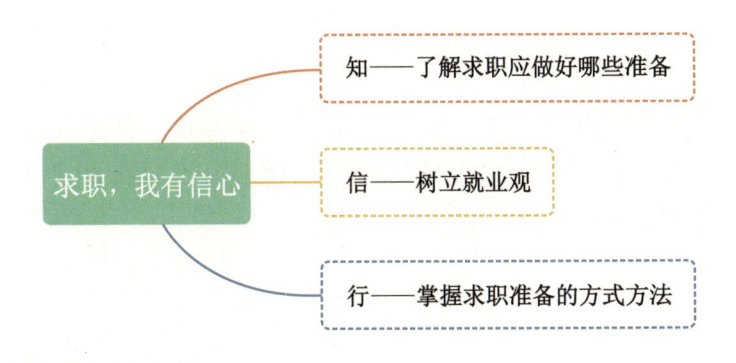

求职，我有信心
- 知——了解求职应做好哪些准备
- 信——树立就业观
- 行——掌握求职准备的方式方法

活动目标

1. 了解求职应做的准备。
2. 树立正确的就业观，增强就业意识。
3. 掌握求职的基本方法。

活动探究

情境导入

没有无缘无故的成功，也没有无缘无故的失败。求职者的成功背后一定有别人没有看见的努力，或者是他精心准备简历，或者是他对公司对行业的认知，又或者是他扎实的专业功底。

学生思考

你是否看过一些求职类的综艺节目或者视频？你觉得一次成功的求职应该做哪些准备？

025

活动体验

全班同学划分为 3 个小组，分别完成以下任务。

说

在老师的指导下，第一组通过查找资料了解：招聘信息的来源有哪些？招聘的与本专业相关的岗位有哪些？有什么职业要求？由 1 位同学以演示文稿的方式进行汇报。

做

第二组根据第一组同学提供的招聘岗位，选择其中一个意向岗位制作一份简历，并予以展示。

讲

第三组讨论：除了了解招聘信息、制作简历，还需要从哪些方面做好应聘前的准备？由 1 位同学进行分享，要求有案例或视频相关资料分享。

活动回顾

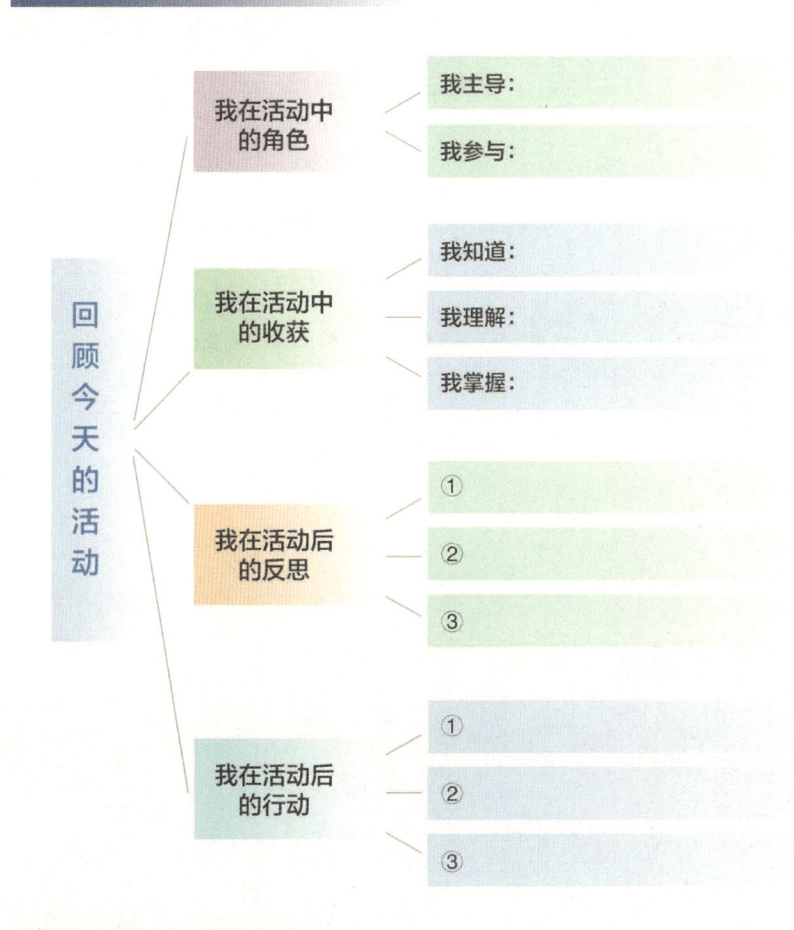

- 回顾今天的活动
  - 我在活动中的角色
    - 我主导：
    - 我参与：
  - 我在活动中的收获
    - 我知道：
    - 我理解：
    - 我掌握：
  - 我在活动后的反思
    - ①
    - ②
    - ③
  - 我在活动后的行动
    - ①
    - ②
    - ③

活动延伸

动

在老师的指导下，以小组为单位，查阅本专业相关岗位的招聘信息和相关面试视频，然后制作一份求职指南简报。

职业精神培育

活动 8　面试，我能成功

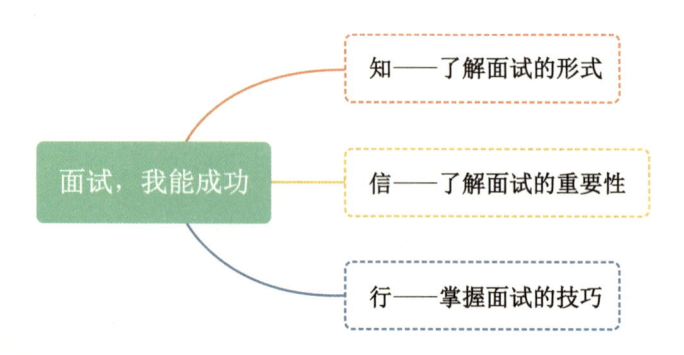

```
面试，我能成功 ── 知——了解面试的形式
              ── 信——了解面试的重要性
              ── 行——掌握面试的技巧
```

活动目标

1. 了解面试的形式。
2. 做好面试准备。
3. 提高面试技巧。

活动探究

情境导入

面试的成功既与面试者的心态有关，也与面试者掌握的面试技巧有关。面试心态和面试技巧都可以通过锻炼加强。

学生思考

1. 面试成功的因素有哪些？

2. 面对面试失败，我们应该怎么做？

❋ 知识探究

目前面试中应用结构化面试、无领导小组讨论的面试形式较多。

结构化面试是根据特定职位的胜任特征要求，遵循固定的程序，采用专门的题库、评价标准和评价方法，通过多名考官与应聘者面对面交流考核的方式，评价应聘者是否符合招聘岗位要求的人才测评方法。通常同一个岗位的不同面试者面试的考题基本一致。

无领导小组讨论的面试是采用情境模拟的方式对应聘者进行集体面试，众多应聘者组成一个临时工作小组，讨论给定的问题，并做出决策。

活动体验

◆ 演

第一小组选派 5 位同学成立面试工作领导小组，发布面试岗位及要求，对面试者进行考核。第二小组选派 5 位同学为应聘者分别进行面试。

◆ 评

第一组、第二组、第三组分别选派 1~2 位同学对本次面试进行点评。

◆ 说

在老师的指导下，第三组同学通过查找网络资料、阅读文献资料等形式，就如何进行自我介绍、如何回答常见问题派 1 位同学进行汇总说明，要求有相关的图片或案例或视频资料作为参考。

活动回顾

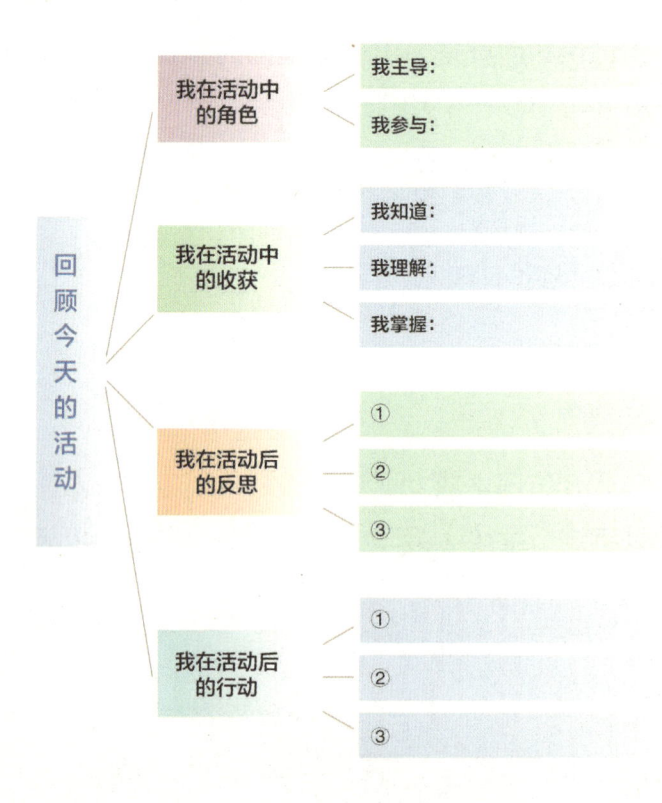

回顾今天的活动
- 我在活动中的角色
  - 我主导：
  - 我参与：
- 我在活动中的收获
  - 我知道：
  - 我理解：
  - 我掌握：
- 我在活动后的反思
  - ①
  - ②
  - ③
- 我在活动后的行动
  - ①
  - ②
  - ③

活动延伸

◆ 想

以小组为单位收集面试注意事项,并通过演示文稿分组展示面试技巧。

活动 9　立足专业，爱业乐业

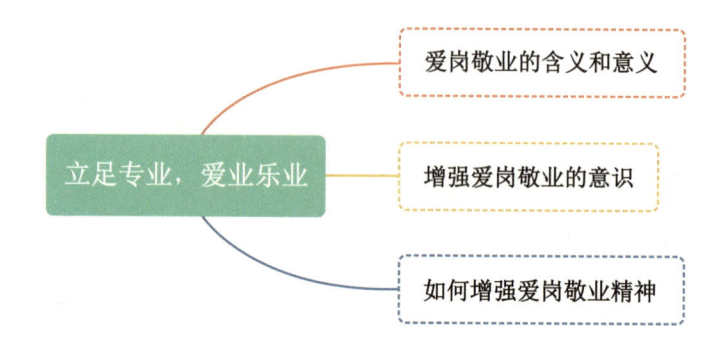

```
                    ┌─ 爱岗敬业的含义和意义
立足专业，爱业乐业 ──┼─ 增强爱岗敬业的意识
                    └─ 如何增强爱岗敬业精神
```

活动目标

1. 了解爱业敬业的含义和意义。
2. 增强爱业敬业的意识。
3. 如何增强职场中爱业敬业的精神？

活动探究

❋ 情境导入

焦裕禄，1946 年加入中国共产党，1962 年被调到河南省兰考县担任县委书记。在带领全县人民封沙、治水、改地的斗争中，焦裕禄同志身先士卒，以身作则。被誉为"党的好干部""人民的好公仆"。

学生思考

1. 在老师的指导下，查一查焦裕禄相关信息，思考：焦裕禄爱岗敬业有哪些表现？

2. 怎样做到立足专业、爱业乐业？

知识探究

中华民族素有爱国主义的传统，也有崇尚爱岗敬业的美德。孔子提倡"敬事而信""事思敬"，就是讲对待工作要尽职尽责、严肃恭谨。爱岗敬业、忠于职守，往往与对国家和民族的责任紧密相连，是爱国主义最直接最具体的体现。

时至今日，在当代社会，热爱与敬重自己的工作和事业，已经成为职业道德的灵魂，是公民应当遵循的基本价值规范之一。从个人角度来讲，需要敬业的原因包括三个方面。首先，人有表达自己本质力量、实现人生价值的需要。其次，人的能力的丰富需要敬业。第三，人的性格的完善需要敬业。敬业使人变得严谨认真，有条不紊，明达事理而又坚毅顽强。

活动体验

◆ 说

第一小组同学在老师的指导下上网查找爱岗敬业的场景，职业涉及工人、服务员、公务员、教师以及创业者等，并由 1 位同学分享小组的学习体会。

◆ 看

第二小组同学搜集反映"爱岗敬业的场景"的图片或小视频，并通过投影仪播放（解释），然后由 1 位同学分享小组的学习体会。

◆ 演

第三小组同学自编自演"爱岗敬业"3 分钟情景剧，演出后由 1 位同学分享小组的学习体会。

◆ 讲

第四小组同学以"爱岗敬业"为主题，准备 3 分钟演讲，演讲后由 1 位同学分享小组的学习体会。

评

由每个小组推选 1 位同学担任活动评审员组成评审组，分别对以上 4 个小组的表现进行评分，同时评选出 1 位最佳同学，最后由 1 位同学进行点评。

活动回顾

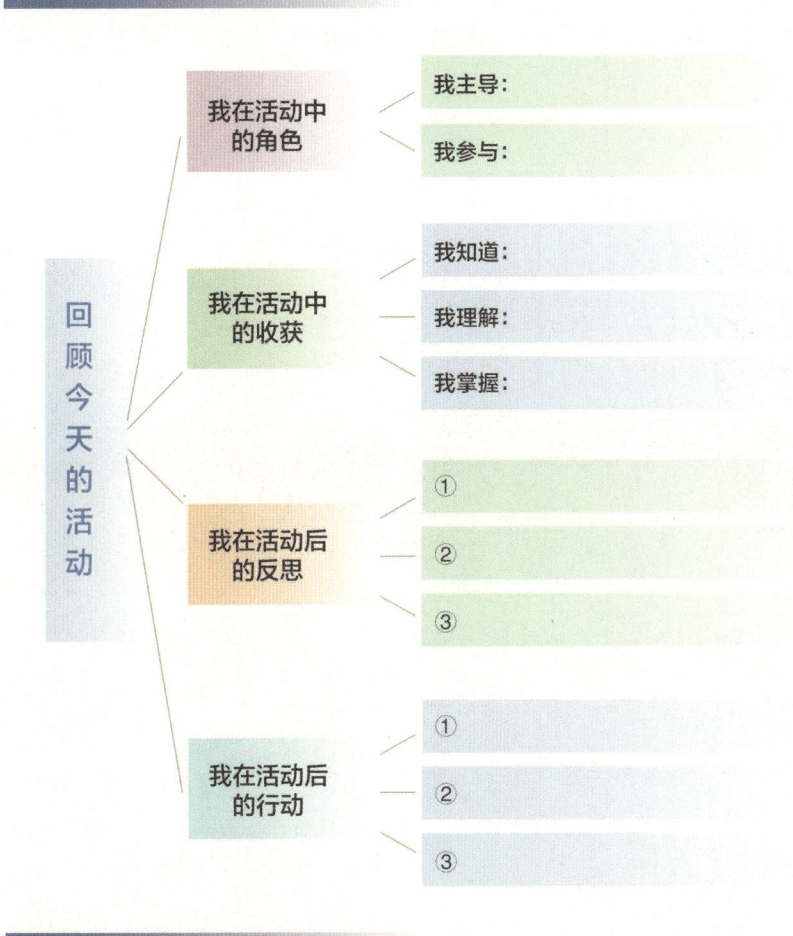

回顾今天的活动
- 我在活动中的角色
  - 我主导：
  - 我参与：
- 我在活动中的收获
  - 我知道：
  - 我理解：
  - 我掌握：
- 我在活动后的反思
  - ①
  - ②
  - ③
- 我在活动后的行动
  - ①
  - ②
  - ③

活动延伸

想

1. 在老师的指导下，查找不同职业不同岗位上劳动者的双手，并写出你的感想。

2. 请结合你的专业谈谈在未来的工作岗位上，你将如何做到爱岗敬业？

活动 10 找准目标，脚踏实地

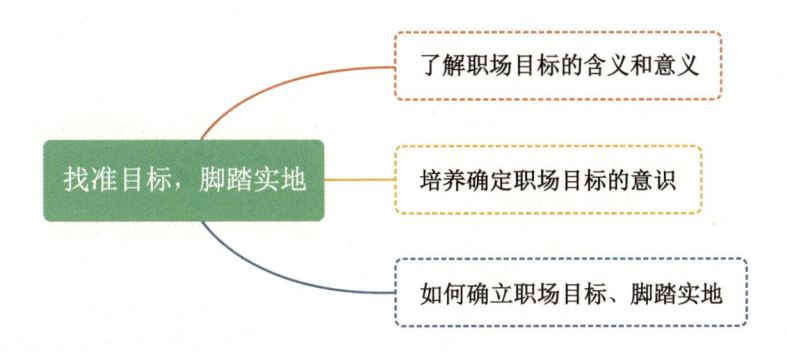

```
                    ┌─ 了解职场目标的含义和意义
找准目标，脚踏实地 ──┼─ 培养确定职场目标的意识
                    └─ 如何确立职场目标、脚踏实地
```

活动目标

1. 了解职场目标的含义和意义。
2. 培养确立职场目标的意识。
3. 如何确立职场目标、脚踏实地？

活动探究

情境导入

从技校毕业后，潘从明追求 99.99% 的极致目标，用了 23 年时间成长为技艺高超的铂族贵金属精炼师。

学生思考

1. 在老师的指导下，搜集大国工匠潘从明的事迹，从他身上可以学到什么？

2. 我们怎样才能做到志存高远、脚踏实地？

3. 结合现实，说说自己的人生目标，为什么设定这个人生目标？打算如何实现自己的目标？

❋ 知识探究

目标是什么？

目标是指通过斗争和忍受艰难困苦才能取得的东西。目标是你的终极目的，是一切行为的总指挥。如果一个人缺乏人生的目标，就会像东飘西荡的水上浮萍，缺乏自己前进的方向，缺乏自己生活的意义，缺乏自己存在的价值。不知道自己想获得什么，也不知道为什么而活着。其实世上没有懒惰的人，只有没有目标的人；世界上最可怜的人，就是没有目标的人；因为连"梦想"都没有，你还想拥有些什么呢？奔跑着追求目标是一种境界，竭力地挑战极限是一种快乐，微笑着超越苦难是一种幸福。

没有目标，我们就不会努力，因为我们不知道为什么要努力；没有目标，我们几乎会同时失去机遇、运气和别人的支持，因为我们不知道自己到底想要什么，也就没有什么能够帮助得了你！

活动体验

◆ 说

第一小组同学根据所学的专业谈谈以后的工作目标是什么，并由 1 位同学上台分享。

◆ 看

第二小组同学在老师的指导下搜集"脚踏实地朝着目标奋斗"的典型案例，并由 1 位同学分享小组的学习体会。

◆ 演

第三小组同学根据自己的专业目标自编自演 3 分钟情景剧，演出后由 1 位同学分享小组的学习体会。

◆ 讲

第四小组同学以"专业目标"为主题，准备 3 分钟演讲，演讲后由 1 位同学分享小组的学习体会。

职业精神培育

◆ 评

　　由每个小组推选 1 位同学担任活动评审员组成评审组，分别对以上 4 个小组的表现进行评分，同时评选出 1 位最佳同学，最后由 1 位同学进行点评。

活动回顾

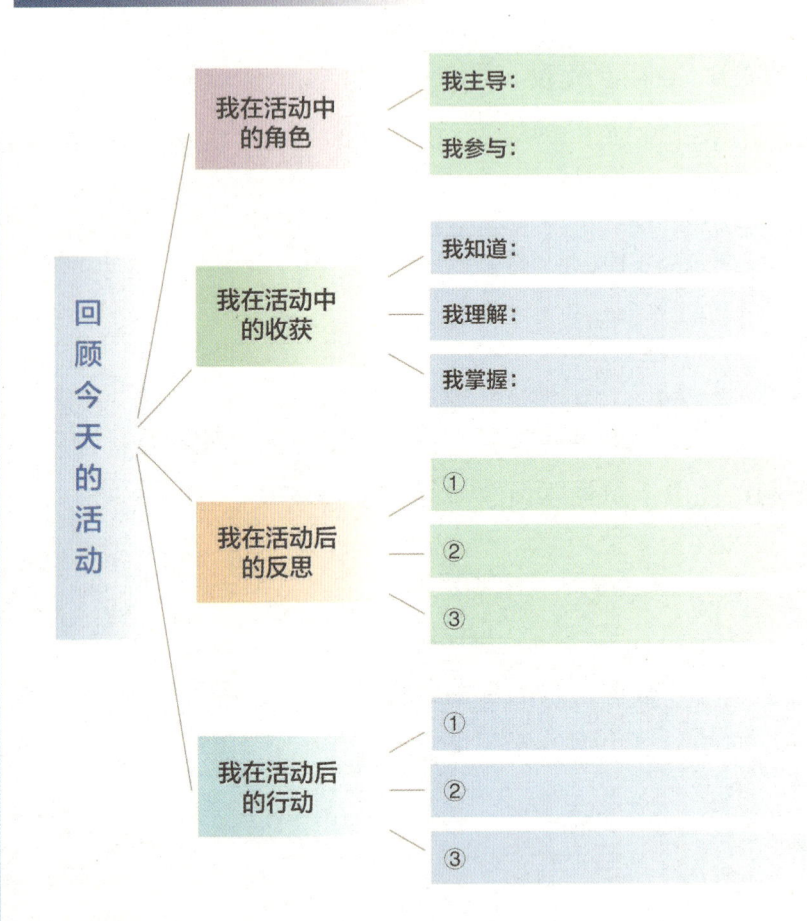

回顾今天的活动
- 我在活动中的角色
  - 我主导：
  - 我参与：
- 我在活动中的收获
  - 我知道：
  - 我理解：
  - 我掌握：
- 我在活动后的反思
  - ①
  - ②
  - ③
- 我在活动后的行动
  - ①
  - ②
  - ③

活动延伸

◆ 写

　　请同学们阅读《三个目标之后》（摘自《雨夜短文》，天地出版社)，并写下读后感。

活动 11　初心方寸，咫尺匠心

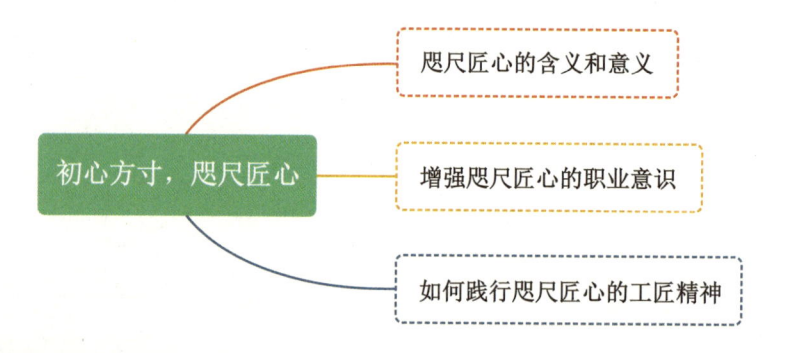

- 咫尺匠心的含义和意义
- 初心方寸，咫尺匠心 — 增强咫尺匠心的职业意识
- 如何践行咫尺匠心的工匠精神

活动目标

1. 了解匠心的含义及其重要意义。
2. 增强匠心的职业意识。
3. 学会如何践行精益求精的工匠精神。

活动探究

情境导入

观看央视 2015 年度感动中国人物徐立平相关视频。

学生思考

1. 想一想：徐立平的工作性质是怎样的？面对这样的工作，他必须具备怎样的品质？

2. 在老师的指导下，搜一搜有关徐立平的信息，想一想：他具备了什么样的优秀大国工匠精神？

知识探究

1. "初心在方寸，咫尺在匠心"的含义

初心：最初的心意。

匠心：精巧的心思，多指文艺上创造性的构思独具匠心。

初心：唐代吴融《和杨侍郎诗》——烟霄惭暮齿，麋鹿愧初心。

匠心：唐代张祜《题王右丞山水障二首之一》——精华在笔端，咫尺匠心难。

2. "初心在方寸，咫尺在匠心"的职场意义

工匠精神是一种精益求精的工作态度。那些令人尊敬的工匠们，都有一个共同之处，那就是执着、专注。他们经过数十年的奋斗，不断沉淀打磨，最终取得伟大的成功。

中国的传统文化精髓讲究的是工匠精神。工匠精神是一种情怀、一种执着、一份坚守、一份责任。这种情怀就是脚踏实地、一丝不苟、精益求精，一心一意地做手艺。

时代需要一种工匠精神，以一种做人做事敬天畏人的态度，对抗浮躁之风。匠心源于热爱，专注于人生。匠人、匠心、匠艺、传承，这些历经岁月沧桑而历久弥新的精神内核，在新时代将焕发出更加夺目的光彩。

佛家有云，"双手合十，乃是将十万力量凝聚"，"制心一处，无事不成"。时间洒在哪里，哪里就开花结果。一颗匠心，是这个时代珍惜的，世界上没有不劳而获的事情，没有付出就没有收获。心系一处，无事不成，这就是匠心，也是这个时代稀缺的精神。

3. "初心在方寸，咫尺在匠心"的具体表现

（1）将工作视为神圣的事情，以虔诚的态度对待。

（2）认真、勤奋、进取、专注。

（3）不计得失，有良好的奉献精神。

（4）积极工作、思考，追求卓越。

（5）认真做事，负责到底。

（6）不达目的，永不言败。

活动体验

说

第一小组了解和学习了徐立平的大国工匠精神后，结合自己的专业，谈谈即将步入实习岗位的你将如何在自己的专业上践行"初心在方寸，咫尺在匠心"？由1位同学分享小组的学习体会。

看

在老师的指导下，第二小组同学在网上找一找徐立平工作、生活的照片，然后由1位同学分享徐立平为什么能成为"感动中国人物"并谈小组的学习体会。

演

第三小组同学自编自演以"初心在方寸 咫尺在匠心"为主题的3分钟情景剧，演出后由1位同学分享小组的学习体会。

◆ 讲

第四小组同学围绕所学专业，以"初心在方寸，咫尺在匠心"为主题，准备 3 分钟演讲，演讲后由 1 位同学分享小组的学习体会。

◆ 评

由每个小组推选 1 位同学担任活动评审员组成评审组，分别对以上小组的表现进行评分，同时评选出 1 位最佳同学，最后由 1 位同学进行点评。

活动回顾

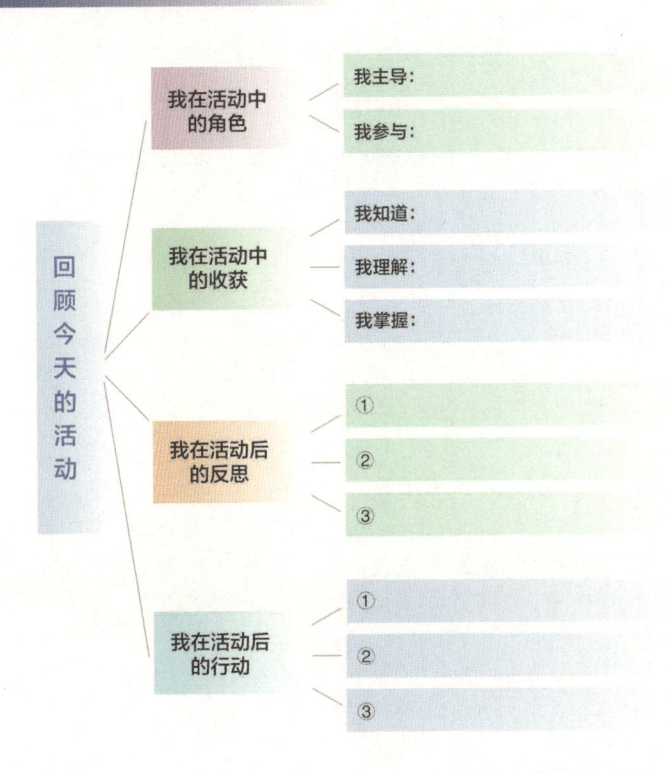

回顾今天的活动
- 我在活动中的角色
  - 我主导：
  - 我参与：
- 我在活动中的收获
  - 我知道：
  - 我理解：
  - 我掌握：
- 我在活动后的反思
  - ①
  - ②
  - ③
- 我在活动后的行动
  - ①
  - ②
  - ③

活动延伸

写

1. 看图片，找差距，写感想。

杂乱的服务器机房　　　　　整洁的服务器机房

2. 为什么说起钟表，大家就会想到瑞士各品牌钟表？

活动 12　追求卓越，匠心筑梦

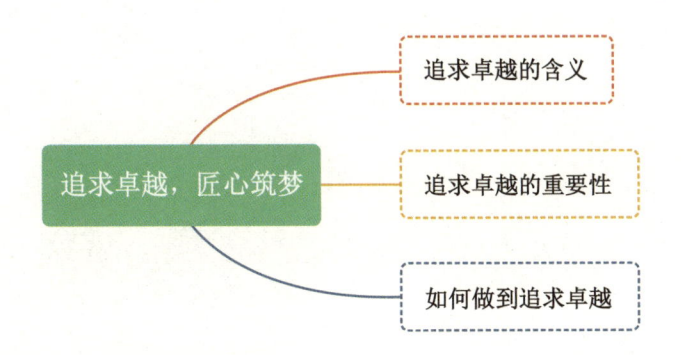

追求卓越，匠心筑梦
- 追求卓越的含义
- 追求卓越的重要性
- 如何做到追求卓越

活动目标

1. 深入理解追求卓越的含义。
2. 培养追求卓越的职业精神。
3. 坚持践行追求卓越。

活动探究

情境导入

通过视频了解"最美青工"洪家光。

学生思考

1. 在老师的指导下，搜一搜洪家光的有关信息，想一想：为什么他能成为"最美青工"？

047

2. 通过了解洪家光的有关信息，想一想：洪家光追求卓越职业精神的具体表现有哪些？

知识探究

1. 追求卓越的含义

卓越就是超凡脱俗，非常优异。追求卓越就是追求行业顶尖水平。

（1）追求

释义：尽力寻找、探索。

引证：闻一多《演讲录·战后文艺的道路》，"如果我们只是追求我们更多的个人自由，让我们藏得更深，那就离人民愈远。"

（2）卓越

释义：高超出众。

引证：周而复《上海的早晨》，"你是大演说家……不仅是棉纺公司的卓越人才，也是我们工商界的出色人物。"

2. 追求卓越的意义

追求卓越的人生态度对个人发展及国家进步的意义：

（1）有利于个人树立远大理想。

（2）有利于增强学习动力，促进学生具备终身学习观念，完善自己，发展自己。

（3）祖国要强盛，社会要进步，需要人们积极进取，勇于追求，向更高的目标前进。

（4）能够充分实现人生的价值、成就梦想。

活动体验

看

观看劳动最美丽相关视频。

说

第一小组同学上网查找吕不韦撰写《吕氏春秋》时请人修改，一字千金的故事；美国自行车运动员阿姆斯特朗追求完美、获得冠军的故事；现代遗传学之父孟德尔对完美的追求，改变了世界的故事。最后由1位同学分享小组的学习体会。

看

第二小组同学搜集反映"追求卓越"的图片或小视频，并通过投影仪播放（解释），然后由1位同学分享小组的学习体会。

演

第三小组同学自编自演"追求卓越 匠心筑梦"3分钟情景剧，演出后由1位同学分享小组的学习体会。

讲

第四小组同学以"在工作中践行卓越"为主题，准备3分钟演讲，演讲后由 1 位同学分享小组的学习体会。

◆ 评

由每个小组推选 1 位同学担任活动评审员组成评审组，分别对以上小组的表现进行评分，同时评选出 1 位最佳同学，最后由 1 位同学进行点评。

活动回顾

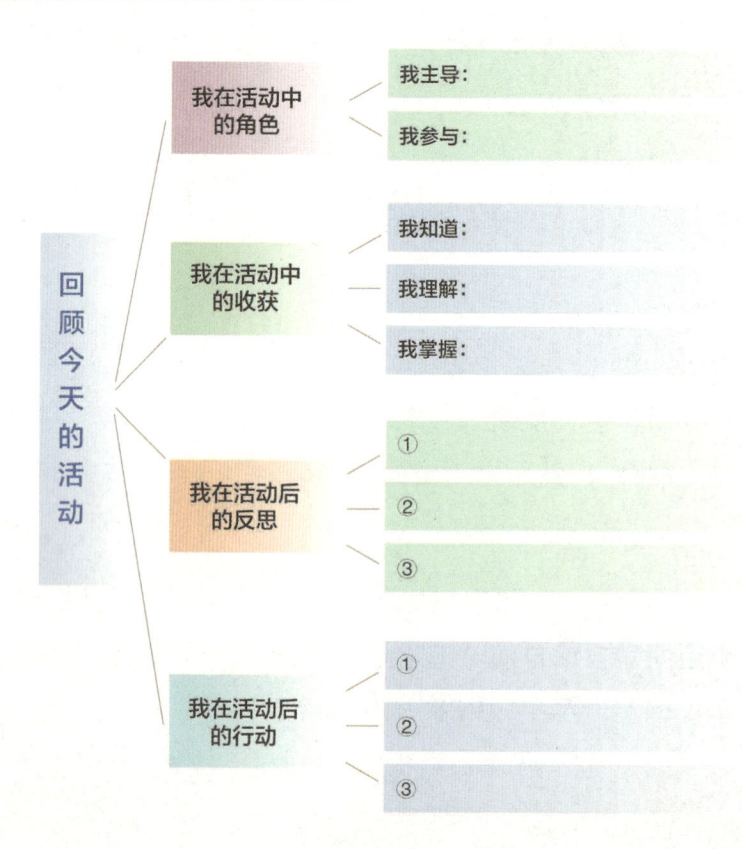

回顾今天的活动
- 我在活动中的角色
  - 我主导：
  - 我参与：
- 我在活动中的收获
  - 我知道：
  - 我理解：
  - 我掌握：
- 我在活动后的反思
  - ①
  - ②
  - ③
- 我在活动后的行动
  - ①
  - ②
  - ③

活动延伸

◆ 写

看文章，谈感想，并请将个人读后感写在下方卡片里。

新华社北京 9 月 23 日电 中共中央总书记、国家主席、中央军委主席习近平近日对我国技能选手在第 45 届世界技能大赛上取得佳绩做出重要指示，向我国参赛选手和从事技能人才培养工作的同志们致以热烈祝贺。

习近平强调，劳动者素质对一个国家、一个民族发展至关重要。技术工人队伍是支撑中国制造、中国创造的重要基础，对推动经济高质量发展具有重要作用。要健全技能人才培养、使用、评价、激励制度，大力发展技工教育，大规模开展职业技能培训，加快培养大批高素质劳动者和技术技能人才。要在全社会弘扬精益求精的工匠精神，激励广大青年走技能成才、技能报国之路。

活动 13　打好人生最好的底牌

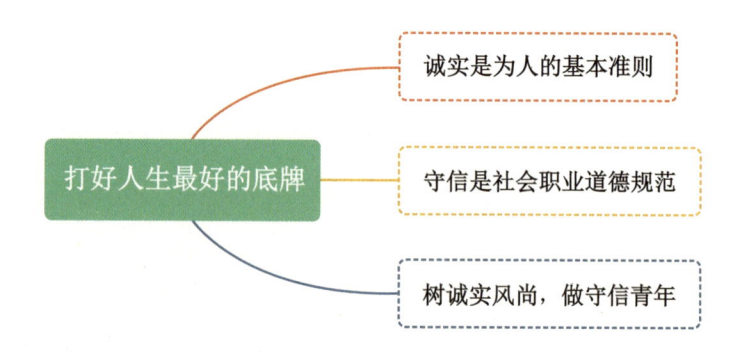

打好人生最好的底牌
- 诚实是为人的基本准则
- 守信是社会职业道德规范
- 树诚实风尚，做守信青年

活动目标

1. 了解诚信的含义及其重要意义。
2. 掌握诚信对劳动者的内在要求。
3. 树立诚信工作的意识。

活动探究

情境导入

案例一：为博美人一笑，昏庸的周幽王采纳了虢石父的建议，带着褒姒由虢石父陪同登上了骊山烽火台，命令守兵点燃烽火。一时间，狼烟四起，烽火冲天，各地诸侯一见警报，以为犬戎打过来了，果然带领本部兵马急速赶来救驾。到了骊山脚下，连一个犬戎兵的影儿也没有，只听到山上一阵阵奏乐和唱歌的声音，一看是周幽王和褒姒在高台上饮酒作乐。周幽王派人告诉他们说，辛苦了大家，这儿没什么事，不过是大王和王妃放烟火取乐，诸侯们始知被戏弄怀怨而回。褒姒见千军万马召之即来、挥之即去，如同儿戏一般，觉得十分好玩，不禁嫣然一笑。周幽王大喜，立刻赏虢石父千金，周幽王为此数次戏弄诸侯们。公元前 771 年，犬戎进犯镐京，周幽王听到犬戎进攻的消息，惊慌失措，急忙命令烽火台点燃烽火。烽火倒是烧起来了，可是诸侯们因上次受了愚弄，这次都不再理会。

案例二：宋濂小时候喜欢读书，但是家里很穷。也没钱买书，只好向人家借，每次借书，他都讲好期限，按时还书，从不违约，人们都乐意把书借给他。一次，他借到一本书，越读越爱不释手，便决定把它抄下来。但是还书的期限快到了。他只好连夜抄书。时值隆冬腊月，滴水成冰。他母亲说："孩子，都半夜了，这么寒冷，天亮再抄吧。人家又不是等这本书看。"宋濂说："不管人家等不等这本书看，到期限就要还，这是个信用问题，也是尊重别人的表现。如果说话做事不讲信用，失信于人，怎么可能得到别人的尊重。"

学生思考

1. 从周幽王烽火戏诸侯到宋濂熬夜抄书，你有什么启发？

2. 为什么说诚实守信是个人为人处世的基本原则？

知识探究

1. 什么是诚实守信

诚，就是要实事求是，不扩大，不缩小；信，就是要一言九鼎，说到做到，不朝秦暮楚，不朝令夕改。诚信是一个道德范畴，即待人处事真诚、老实、讲信誉，言必信、行必果，一言九鼎，一诺千金。在《说文解字》中的解释是："诚，信也"，"信，诚也"。可见诚信的本义就是要诚实、诚恳、守信、有信，反对隐瞒欺诈，反对假冒伪劣，反对弄虚作假。诚信是公民的第二张"身份证"，是日常行为的诚实和正常交流的信用的合称。

2. 为什么要恪守诚实守信

首先，做人是否诚实守信，是一个人品德修养状况和人格高尚的表现。其次，做人是否诚实守信，是能否赢得别人尊重和友善的重要前提条件之一。

3. 诚实守信对劳动者的要求

诚实守信是中华民族的传统美德，是立人之道，要求职业劳动者在职业活动中做到信守诺言、表里如一、言行一致。表现在职业劳动中就是诚实地劳动，竭尽所能，出满勤，干满点，不消极怠工，不推诿责任，不偷奸耍滑；表现在业务活动中就是说到做到，信守承诺，重合同、守信用，不弄虚作假，不说谎骗人，不偷工减料，不以次充好。

活动体验

测

1. 推销产品时你承诺会送小礼品给顾客，但后来发现礼品派发完了，你会怎么办？（　　）

   A. 跟顾客解释，希望谅解

   B. 不给顾客了

   C. 想办法补偿同等价值的礼品

2. 不经意说的一个谎话被同事揭穿了。你会怎么办？（　　）

A．诚恳地承认错误

B．另编一个谎话遮掩

C．恼羞成怒

3．我因为上班打游戏被老板发现，自我检讨后做出保证以后上班期间不做与工作无关的事。（　　）

A．说到做到信守承诺

B．老板不是天天来，只要小心点，偶尔玩一下也没关系

C．跟往常一样

4．假如你是推销员，明知你推销的商品有缺陷，你应对顾客（　　）。

A．讲清商品的真实情况

B．只讲优点，不讲缺陷

C．什么也不说，由顾客自己决定

5．拾到他人钱包，你会（　　）。

A．据为己有

B．找到失主，交还钱包或者交给警察

C．交还钱包，索要报酬

说

在海尔集团刚刚生产出滚筒洗衣机时，潮州有位用户给张瑞敏写了封信，说在广州看到有这种洗衣机但潮州没有，希望张瑞敏能帮助弄一台。海尔集团的服务目标是"把用户的烦恼减少到零"。于是张瑞敏派广州的一名员工把洗衣机通过出租车送到潮州去。当出租车行驶到离潮州两千米处因手续不全被检查站扣住了。这名员工在路上搭车不成功后，毅然背着这台 75 千克重的洗衣机走了 3 个小时送到了用户家，该用户还埋怨他来得太晚。这名员工没有吭气，立即给这位用户安装好了洗衣机。后来，这位用户得知事件真相后，非常感动，给《潮州日报》写了一篇稿件。稿件刊登出来后，这名员工的工作得到了集团的肯定，海尔集团也由此获得了巨大的社会声誉。

海尔的这名员工表现了什么样的职业道德？

◆ 想

即将走进职场的我们，在工作中应该遵守哪些诚信原则？

◆ 写

请同学们书写自己的诚信宣言，如"以至诚之心，为人处世"。

活动 13

活动回顾

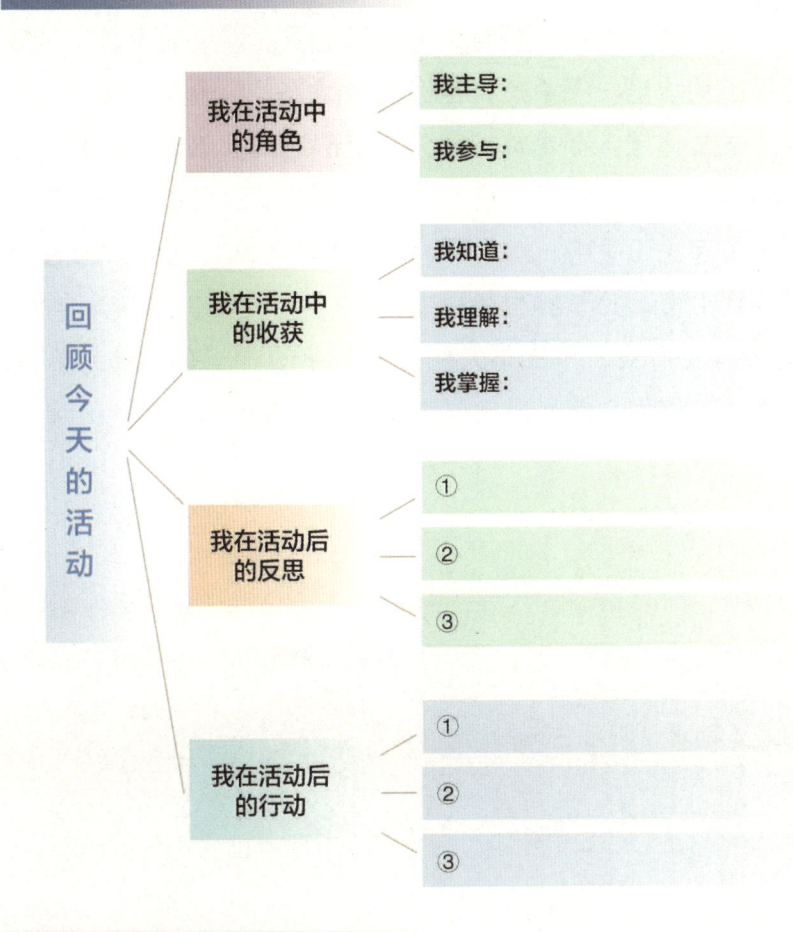

```
回顾今天的活动
├── 我在活动中的角色
│   ├── 我主导：
│   └── 我参与：
├── 我在活动中的收获
│   ├── 我知道：
│   ├── 我理解：
│   └── 我掌握：
├── 我在活动后的反思
│   ├── ①
│   ├── ②
│   └── ③
└── 我在活动后的行动
    ├── ①
    ├── ②
    └── ③
```

活动延伸

◆ 写

1. 设问：吾日三省吾身，尔今日诚信乎？

057

2. 看故事，写感想。

2010年2月9日，农历腊月二十六，为了给先期回家的农民工发工资，孙水林决定在大雪封路前赶回武汉。春节前发放工钱，是他对农民工的承诺。不曾想，在回去的路上，由于道路结冰，在高速公路上发生追尾，孙水林一家五口全部遇难。弟弟孙东林为了完成哥哥的遗愿，在大年三十前一天，来不及安慰年迈的老母亲，将工钱送到了农民工手中。就这样，在农历新年来临之前，60多位民工如愿领到工资，孙东林也如释重负。

"新年不欠旧年账，今生不欠来生债"。孙水林、孙东林兄弟20年坚守承诺，被称为"信义兄弟"，被评为"感动中国2010年度人物"。

活动 14　选择，决定未来

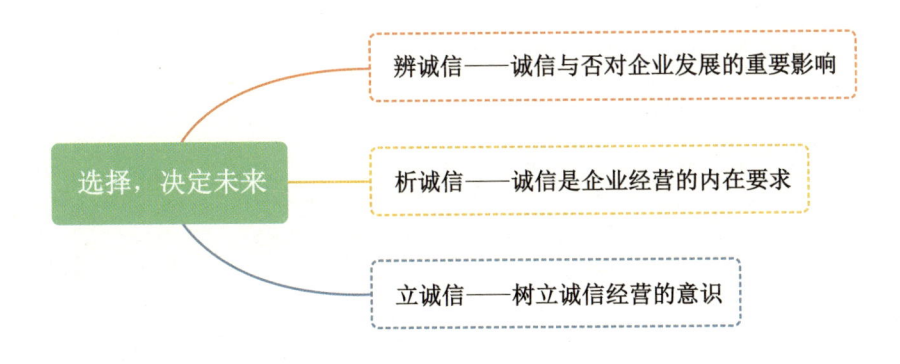

```
选择，决定未来 ──┬── 辨诚信——诚信与否对企业发展的重要影响
              ├── 析诚信——诚信是企业经营的内在要求
              └── 立诚信——树立诚信经营的意识
```

活动目标

1. 了解诚实守信对企业发展的重要性。
2. 掌握诚实守信对企业的内在要求。
3. 树立诚信经营的意识。

活动探究

情境导入

案例一：同仁堂品牌始创于 1669 年（清康熙八年），经历了 300 多年的时代变迁和风风雨雨，"修合无人见，存心有天知""炮制虽繁必不敢省人工，品味虽贵必不敢减物力""但愿世间人无病，哪怕架上药生尘"等古训已内化为企业行为准则，这使同仁堂历经数百年而不衰。

案例二：某年中秋节前，某某百年老店企业用上一年的陈馅做月饼，坑害消费者事件被曝光。影响了 6 成多消费者购买月饼的意愿；有 14% 的消费者表示该年不会买月饼。中国科学院心理研究所马谋超研究员说,这一事件还可能会对中国传统节日文化产生负面影响。一夜间该企业声誉扫地,不久便被迫申请破产。

学生思考

1. 同是百年老店,为什么同仁堂会名扬四海、生意兴隆,而某某企业会声誉扫地、申请破产呢?

2. 根据以上材料,谈谈你对"诚信是企业经营立足之本"的认识。

3. 日常消费中,你遇到过欺诈现象吗?请分享你的经历。

✤ 知识探究

1. 为什么说诚实守信是企业修业之基

市场经济是建立在信用基础之上的，信守契约正是市场经济的内在要求。然而在从传统经济向市场经济转型转轨的过程中，在新的市场道德秩序尚未完全形成前，道德的欺诈和由此引起的信用危机极易发生，这就更需要我们每一个职业劳动者遵循诚实守信的道德规范，为市场经济的健康发展起到积极的促进作用。因此，必须把诚实守信置于职业活动的首位，才能为市场经济健康有序地发展提供坚实的道德基础。

从市场反映出的情况来看，无照经营、商标侵权、制假售假、合同欺诈、虚假招标、骗税逃税、伪造账目、恶意拖欠、变相传销等，种种行为时有发生，像"病毒"一样侵蚀着社会的肌体，如"沙尘暴"一般吞噬着信用的"绿洲"。不讲诚信，欺骗、欺诈已成为人人痛恨的一大公害，成为制约市场经济健康发展的一大障碍。"言而无信，行之不远"，大量事实证明，制假售假、坑蒙拐骗，可逞一时之快，得一时之利，但必以东窗事发、身败名裂而告终。诚信，不仅牵涉经济领域，还直接影响人心。

2. 为什么需要具备诚实守信的品质

（1）诚实守信是为人处世的基本准则，也是一个单位从事经营活动的基本准则，更是从业者对社会、对人民所承担的义务和职责。

（2）诚实守信是各行各业的生存之道，各行各业之间的竞争归根到底是信誉和质量的竞争。

（3）诚实守信是维系良好的市场经济秩序必不可少的道德准则。诚实是市场经济的基础，守信是市场经济最直接的道德基础。没有信用，就没有秩序，市场经济就不能健康发展。

活动体验

◆ 测

以下各题目至少有两个选项是正确的。

1. 我国传统道德中的"诚"的含义包括（　　）。

A. 自然万物的客观实在性

B. 对"天道"的真实反映

C. 忠于本心的待人接物的态度

D. 言行一致的品行

2. 关于诚实守信,正确的看法是（   ）。

A. 诚实守信是市场经济法则

B. 诚实守信是企业的无形资产

C. 诚实守信是员工为人之本

D. 诚实守信是事业成功的关键

3. 职业道德规范"诚信"的特征包括（   ）。

A. 通识性　　　　　　　　　　B. 智慧性

C. 止损性　　　　　　　　　　D. 资质性

4. 诚实守信的具体要求是（   ）。

A. 履行合同和契约

B. 使用较次的原材料,以降低企业成本

C. 拒绝投诉者登门,维护企业形象

D. 保守企业秘密,遵守企业纪律

5. 关于践行"诚信"职业规范——"尊重事实"的要求,员工要努力做到（   ）。

A. 坚持正确原则,不为个人利害关系左右

B. 澄清事实,主持公道

C. 主动担当,不自保推责

D. 敢于在任何场合有一说一、有二说二

6. 根据"中国商业企业诚信公约",正确的说法有（   ）。

A. 排除或者限制消费者合法权益应事先进行听证

B. 商品促销中的虚假宣传不应该超过合理限度

C. 对售出商品应该实行商品质量先行负责制

D. 应该主动征求消费者意见,妥善解决消费者投诉

学

海尔集团创立于 1984 年,当时是一个亏损 147 万元的集体小

厂，"砸冰箱"的故事发生后改变了这家不知名小厂的命运。

1985年12月的一天，时任青岛海尔电冰箱总厂厂长的张瑞敏收到一封用户来信，反映工厂生产的电冰箱有质量问题。张瑞敏带领管理科人员检查了仓库，发现仓库的400多台冰箱中有76台不合格。张瑞敏随即召集全体员工到仓库开现场会，问大家怎么办？当时多数人提出，这些冰箱是外观划伤，并不影响使用，建议作为福利便宜点儿卖给内部职工。而张瑞敏却说："我要是允许把这76台冰箱卖了，就等于允许明天再生产760台、7600台这样的不合格冰箱。放行这些有缺陷的产品，就谈不上质量意识。"他宣布，把这些不合格的冰箱全部砸掉，谁干的谁来砸，并抡起大锤亲手砸了第一锤。砸冰箱砸醒了海尔人的质量意识，砸出了海尔"要么不干，要干就要争第一"的精神。

在1988年的全国冰箱评比中，海尔冰箱以最高分获得中国电冰箱史上的第一枚金牌。在海尔的发展中，质量始终是海尔品牌的根本。如今，海尔已经成为世界冰箱行业中知名的大品牌，海尔集团已经成长为世界最大白色家电制造商之一。请同学们认真阅读以上故事，并回答：

海尔砸的只是质量不合格的冰箱吗？如果当初选择把这批不合格的冰箱内销而没有发生砸冰箱事件，现在的海尔会发展成什么样？

活动回顾

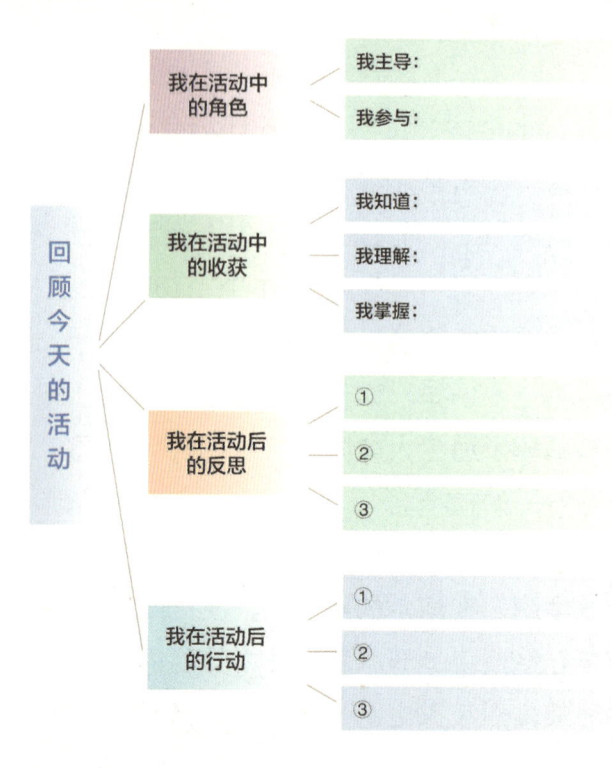

回顾今天的活动
- 我在活动中的角色
  - 我主导：
  - 我参与：
- 我在活动中的收获
  - 我知道：
  - 我理解：
  - 我掌握：
- 我在活动后的反思
  - ①
  - ②
  - ③
- 我在活动后的行动
  - ①
  - ②
  - ③

活动延伸

写

观看电影《首席执行官》，写一篇不少于 200 字的观影心得。

活动 15　我们受过专业训练

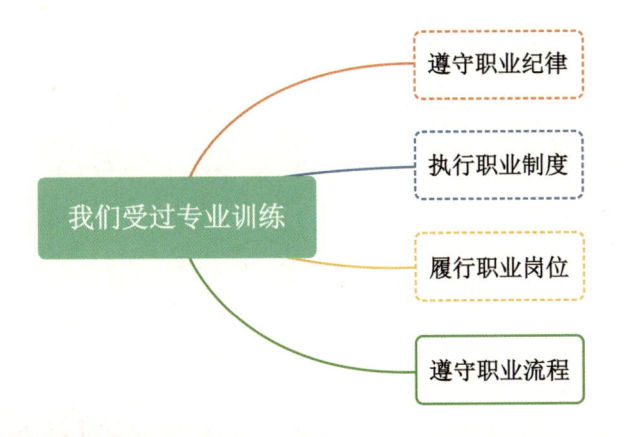

```
                    ┌─ 遵守职业纪律
                    │
                    ├─ 执行职业制度
  我们受过专业训练 ──┤
                    ├─ 履行职业岗位
                    │
                    └─ 遵守职业流程
```

活动目标

1. 了解规章的含义及其重要意义。
2. 增强遵守规章意识。
3. 学会如何践行规章。

活动探究

❀ 情境导入

2018 年 5 月 14 日，川航 3U8633 从重庆飞往拉萨，在 9800 米高空，飞行速度达到 800km/h 时，驾驶舱右座前风挡玻璃破裂脱落，座舱瞬间失压，通信失联，副机长上半身被吸出窗外，又被风吹进座舱，温度骤降至零下 40 多度，机长们身穿薄衬衣直面强风。危难之时，机长刘传健沉着冷静、带领机组成员实施紧急下降，在几十秒内，临危不乱地按照正确的专业程序无一失误地完成了 36 个完整动作，实施特情处置。乘务员及乘警按照专业程序广播和处置，指导乘客们戴氧气面罩，用专业素养及专业水准安抚紧张慌乱的乘客。在民航各保障单位密切配合下，机组正确处置，飞机于

07:46 安全备降成都双流机场,机上 119 名乘客及 9 名机组成员成功安全着陆,成为世界航空史上的一个奇迹。

学生思考

1. 在老师的指导下,搜一搜有关"5·14"川航航班备降成都事件信息,想一想飞机安全备降的原因。

2. 在老师的指导下,搜一搜有关刘传健机长的信息,想一想刘机长带领机组成功备降的职业素养有哪些?

3. 观看电影《中国机长》,你对哪句台词印象最深刻?从中你感受到了什么?

知识探究

规章是为了维护工作、学习、生活、劳动等的正常秩序，国家机关、企事业单位、社会团体等组织根据法律、法规、政策制定的符合各自工作需要的具有法规性、约束性、权威性、指导性及稳定性的应用文。规章是组织中规范组织或个人行为的准则与依据，规定组织或个人应该做什么，不应该做什么。规章制定一经生效，就反映了组织权力意志的权威性，必须严格遵守并执行。包括以下几个方面：

（1）遵守职业纪律。包括遵守时间纪律、组织纪律、岗位纪律、协作纪律、安全卫生纪律、品行纪律以及其他纪律。

（2）执行职业制度。包括执行国家政策制度、员工手册、考勤制度、奖惩制度、人事管理制度、岗位责任制度、会议制度等。

（3）履行职业岗位。包括履行岗位工作责任、完成工作任务、岗位活动、岗位程序、团队合作、机器设备与材料的管理等。

（4）遵守职业流程。包括某项工作从开始到完成的完整过程，其间可能涉及多个部门、多个岗位，经过多个环节协调或按一定顺序组合而成的工作过程。

活动体验

说

第一小组同学针对影片《中国机长》中乘务长毕男在乘客们情绪极为动荡时，所说的"从飞行员到乘务员，我们每一个都经历了日复一日的训练，就是为了保证大家的安全，这也是为什么我们这些人在这架飞机上的意义"，说一说对敬畏规章的理解，并由1位同学分享小组的学习体会。

◆ 看

第二小组同学针对刘传健所说的"敬畏生命、敬畏职责、敬畏规章",从影片《中国机长》找一找具体体现,然后由1位同学分享小组的学习体会。

◆ 演

第三小组同学自编自演上班工作的 3 分钟情景剧,演出后由 1 位同学分享小组的学习体会。

◆ 讲

第四小组同学围绕所学专业,以"敬畏规章"为主题,准备 3 分钟演讲,演讲后由 1 位同学分享小组的学习体会。

◆ 评

由每个小组推选 1 位同学担任活动评审员组成评审组,分别对以上小组的表现进行评分,同时评选出 1 位最佳同学,最后由 1 位同学进行点评。

活动回顾

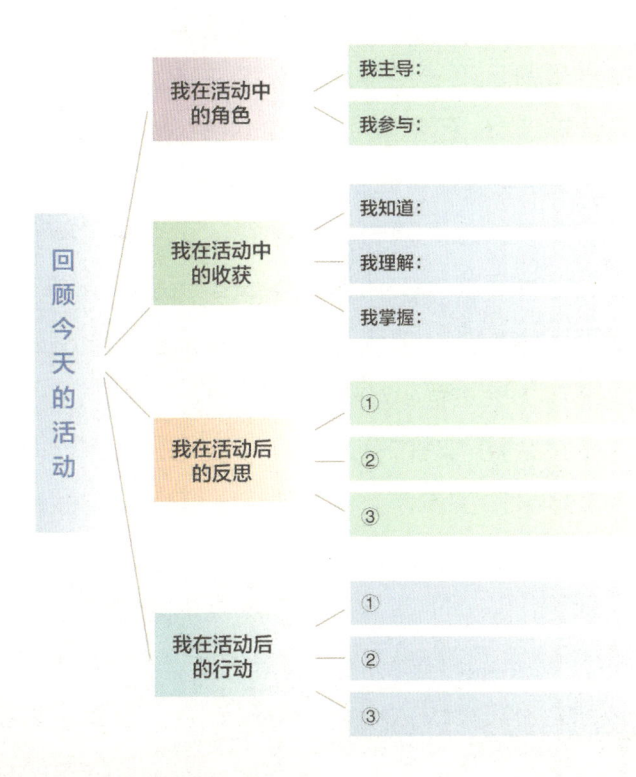

回顾今天的活动
- 我在活动中的角色
  - 我主导：
  - 我参与：
- 我在活动中的收获
  - 我知道：
  - 我理解：
  - 我掌握：
- 我在活动后的反思
  - ①
  - ②
  - ③
- 我在活动后的行动
  - ①
  - ②
  - ③

活动延伸

写

1. 看文章，写感想

　　　　守护食品安全的人：敬畏"舌尖上的安全"

　　食品安全无小事。作为一名食品企业的总经理，李松雪特别注重食品安全工作：定期开展食品安全培训，实行加工车间人流、物流分开，实时监督食品加工过程，保存原材料采购记录，建立食品安全追溯体系。

　　企业每天要生产2万份左右的营养餐，分别送往中小学、企业。这么大的供应量，企业员工"上上下下必须时刻保持敬畏之心"，李松雪说。为了加强所有员工的敬畏意识，李松雪每月组织员工进行3~4次培训，还亲自给员工集中讲授食品安全课，讲授毒豆芽、瘦肉精、染色馒头等食品的危害。

"早上看土豆的时候发现有几颗长芽的，没等化验员检查，我直接给退回去了，肯定不合格。只要菜品不合格比例达到 5%，就必须通知采购全部退回。"李松雪公司负责蔬菜拆包的鞠帮富说。

每份餐食在出餐前，都要经过高温灭菌隧道，确保灭菌洁净，又不破坏食品的营养成分，还配套了装有车厢升温系统和 GPS 追踪系统的营养餐专用餐车，保证学生在寒冬腊月里也能吃到热乎饭菜。

为了保证食品安全，每天原材料的采购记录要求完整保全，化验员每天要对每份餐食留样 48 小时观察，确保食品问题可追溯。餐盒用的是食品级环保乐扣，每天下午对餐盒清洗消毒后进行细菌检验，保证餐盒卫生状况达标。

为了做好食品安全，李松雪 2019 年 4 月赴德国考察学习 13 天，学习食品配送技术。李松雪说，"食品安全一失万无，我们要努力做到万无一失。"

（来源：学习强国）

通过阅读《守护食品安全的人：敬畏"舌尖上的安全"》，结合你所学的职业岗位相关知识，你认为做好安全岗位生产需要做好哪些程序性工作？请写下来。

2. 名文推介：《卖油翁》。

重温北宋欧阳修的《卖油翁》，结合自己所学的专业，再次深刻理解"我亦无他，惟手熟尔"的含义。

活动16 以生命的名义捍卫职业责任

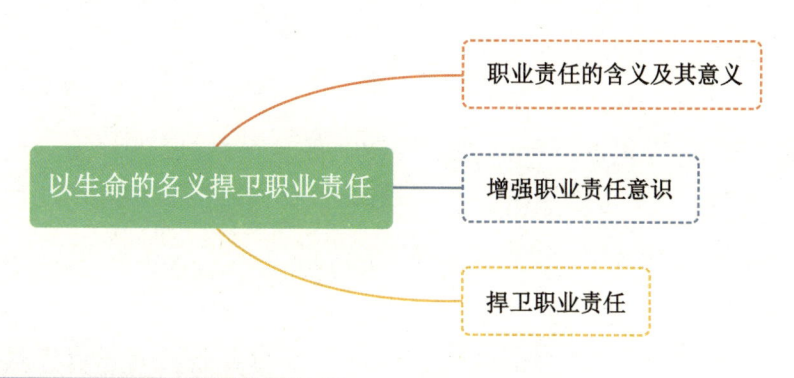

```
                    ┌─ 职业责任的含义及其意义
以生命的名义捍卫职业责任 ─┼─ 增强职业责任意识
                    └─ 捍卫职业责任
```

活动目标

1. 了解职业责任的含义及其重要意义。
2. 增强职业责任意识。
3. 学会捍卫职业责任。

活动探究

情境导入

有一位"仙鹤姑娘",名叫徐秀娟,从小就在火炕上孵丹顶鹤,照顾丹顶鹤。时间长了,丹顶鹤就成了她生命中最重要的一部分。17岁那年,她随着父亲来到了黑龙江扎龙自然保护区成了一名养鹤姑娘,和父亲一起饲养丹顶鹤。保护区最累的活就是养鹤,但是她喂鹤、放鹤、打扫鹤舍、救治病鹤,乐此不疲。她能驯化小鹤跳舞。国家领导人来保护区视察时,徐秀娟与她的小鹤表演的节目受到领导人的高度赞扬。她还与她的丹顶鹤们拍摄了《丹顶鹤的一家》和《飞来的仙鹤》影片。扎龙自然保护区的驯鹤技术闻名中外。

徐秀娟曾用一个人造皮革包、一个暖水袋、半斤脱脂棉、一支体温计孵化三枚鹤蛋。人工孵化丹顶鹤的技术非常难,在当时美国用最先进的设备孵化鹤也有孵不出来的情况发生。然而，徐秀娟孵化的这三枚蛋不仅小鹤破壳而出、体格强壮，而且比正常周期提前20多天展翅飞天，成为世界上丹顶鹤在低纬度越冬区第一次孵化成功的案例，受到国内专家高度赞扬。有人说这是爱生奇迹。

徐秀娟爱丹顶鹤，更爱为丹顶鹤付出一切的事业。她曾在自己的一张照片后面写道："我愿意为我所热爱的事业付出一切，哪怕是生命……"

1987年9月的一天，为了寻找一只走失的丹顶鹤，心力憔悴、疲劳过度的徐秀娟将生命永远定格在了23岁。

在"仙鹤姑娘"徐秀娟去世10周年的纪念日里，联合国环境规划署执行主席多德斯韦尔女士说："未来世界的命运不是由武力和经济实力决定的，而是依赖你与我、人类与生物之间爱与爱相连、情与情相牵而铸成。我们对周围生灵的宽容所体现出来的价值，筑就我们的未来世界。今天，我们向徐秀娟烈士致敬的最好方式，莫过于我们携手实践上述价值。"

学生思考

1. 搜一搜有关丹顶鹤的资讯，想一想：养护丹顶鹤的方法有哪些？

2. 搜一搜有关徐家三代人执着守护丹顶鹤的故事，想一想：他们具备了什么样的优秀职业素养？

3. 听歌曲《一个真实的故事》，从中你感受到了什么？

✦ 知识探究

　　天下兴亡，匹夫有责。作为职场人，都有需要做好的任务，承担需要承担的义务，完成需要完成的使命。因此，职业责任是指人们在一定职业活动中所承担的特定的任务、义务和使命。

　　职场中，职业责任能够让员工具有最佳的精神状态，精力旺盛地投入工作，并将自己的潜能发挥到极致。当把工作当成一项伟大的事业，用整个生命去实践的时候，人生往往更容易焕发出绚丽的光彩。

　　职场中如果有很强的责任感，能够接受别人不愿意接受的工作，并且从中体会出辛劳和乐趣，那就能够克服困难，达到他人所无法达到的境界，并得到应有的回报。责任能让工作和生活表现得优秀而卓越。

　　有责任感的员工往往会在工作中受益匪浅。在精神上，他们会获得快乐和自信；在物质上，他们也获得丰厚的报酬。

　　放弃自己的职业责任，就意味着在职场中放弃了发展的机会。

　　职业责任的具体表现有：

　　（1）将工作视为神圣的事情，以虔诚的态度对待。

　　（2）尊重分工与合作，不过分注重职业的形式。

　　（3）不计得失，有良好的奉献精神。

　　（4）积极主动，创造性地开展工作。

　　（5）认真做事，负责到底。

　　（6）积极进取，永不言败。

073

活动体验

◆ 说

第一小组同学说一说徐家三代为什么用生命坚守做丹顶鹤守护人？并由 1 位同学分享小组的学习体会。

◆ 看

第二小组同学在老师的指导下找一找徐家三代工作的照片，看一看徐秀娟侄女工作时所做的笔记，并通过投影仪播放（解释），然后由 1 位同学分享小组的学习体会。

◆ 演

第三小组同学自编自演以"捍卫职业责任"为主题的 3 分钟情景剧，演出后由 1 位同学分享小组的学习体会。

◆ 讲

第四小组同学围绕所学专业，以"捍卫职业责任"为主题，准备 3 分钟演讲，演讲后由 1 位同学分享小组的学习体会。

活动 16

◆ 评

由每个小组推选 1 位同学担任活动评审员组成评审组，分别对以上小组的表现进行评分，同时评选出 1 位最佳同学，最后由 1 位同学进行点评。

活动回顾

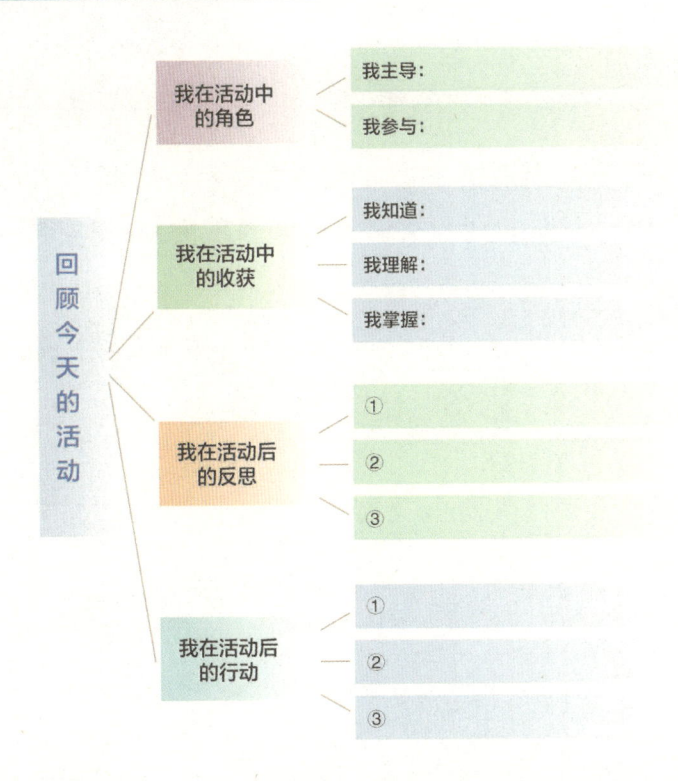

回顾今天的活动
- 我在活动中的角色
  - 我主导：
  - 我参与：
- 我在活动中的收获
  - 我知道：
  - 我理解：
  - 我掌握：
- 我在活动后的反思
  - ①
  - ②
  - ③
- 我在活动后的行动
  - ①
  - ②
  - ③

活动延伸

想

1. 认识大国工匠人物:"独手焊侠"卢仁峰。

想一想:是什么力量支持着卢仁峰1986年在左手重伤住医院时把家里所有的书搬到病房里,全年看完了三本焊接技术相关的书?

2. 歌曲推介:《西海情歌》(了解歌曲背后的故事)。
3. 名文推介:海明威的文章《真实的高贵》(英文名:*True Nobility*)

活动 17　我一定全力以赴

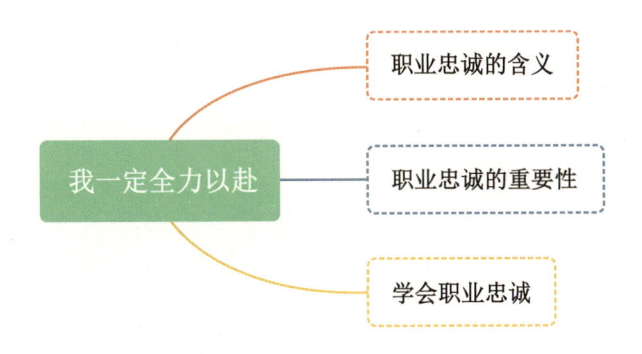

```
                    ┌─ 职业忠诚的含义
我一定全力以赴 ──────┼─ 职业忠诚的重要性
                    └─ 学会职业忠诚
```

活动目标

1. 知晓职业忠诚的含义。
2. 了解职业忠诚的重要性。
3. 学会职业忠诚。

活动探究

情境导入

　　于敏先生 1926 年出生于天津。经历过军阀混战和日寇蹂躏国土的于敏从小埋下了科学救国的赤子之心。1951 年他以优异的成绩从北大研究生毕业,来到了钱三强领导的中科院近代物理研究所工作,开始了核物理科研生涯。1961 年,国际上已进入核竞争时代,中国要生存要发展,就必须拥有自己的核武器。正当在原子核理论上崭露头角并取得重大成果的于敏,被安排参加氢核理论组,加入氢弹理论的预先研究工作。对于敏来说,这是一项全新的工作,牵扯到许多未曾接触过的学科理论、工程技术,与自己的兴趣不符。但是爱国主义压过了兴趣,"共和国需要,我一定全力以赴!"于敏说。此时的氢核理论在我国还是一片空白,于敏抛开以前所学的知识，自力更生，从头探索，带领同事们全身心地探索研究氢弹理论，开始了长达 28 年隐姓埋名的绝密科研生涯。直至 1988 年名字被解禁，他的夫人和儿子都不知道他从事的是什么工作。

在中国的历史长河中，诸葛亮是于敏先生最喜爱的人物之一。"两表酬三顾，一对足千秋。"他说，"诸葛亮的忠心耿耿、赤胆忠心，我想永远是中华民族的宝贵财富。"

学生思考

1. 在老师的指导下，搜一搜有关于敏先生的事迹，想一想：为什么于敏甘于隐姓埋名 28 年？

2. 通过了解于敏先生的有关事迹，想一想：于敏先生忠诚于核事业的具体表现有哪些？

知识探究

儒家思想强调"忠"，行"忠"就是行"仁"。孔子对"忠"的解释就是"己之所欲，亦施于人"，"尽己为人"，为了别人，尽自己最大努力。

因此，忠诚是指真诚效忠于自己的国家、人民、团体、组织、同事和战友，是一种绝对纯洁、绝对可靠的品质和信念，代表着忠诚敬业、尽职尽责和主动服从。

中华民族五千年文化，沉淀了厚重的人格魅力和品格素养，形成了今天中华民族伟大的中国精神与品质。其中，倡导忠诚便是最优良的品质之一。鲁迅先生曾在《中国人失掉自信力了吗？》一文中说到："从古以来，就有埋头苦干的人，有拼命硬干的人，有为民请命的人，有舍身求法的人，……虽是等于为帝王将相作家谱的所谓'正史'，也往往掩不住他们的光耀，这就是中国的脊梁。"而这"中国的脊梁"就包含着对国家、人民、团体、组织等忠贞不二的品质。

职场中忠诚的几种表现形式包括：

（1）与企业共命运。
（2）坚持不懈地为企业做宣传。
（3）把企业看成生活的重要部分或生命价值和意义的根本。
（4）从我做起，从现在做起。
（5）不泄露企业的商业机密。
（6）不做有损于企业的事情。
（7）维护企业的名誉。
（8）用感恩的心对待企业。
（9）言行一致，表里如一。
（10）以老板的心态，主动作为。

活动体验

说

第一小组同学在老师的指导下上网查找中国航天科技集团公司

一院火箭总装厂高级技师高凤林、中国电子科技集团公司第五十四研究所钳工夏立、"复兴号"高铁转向架焊接工李万君的故事，并由1位同学分享小组的学习体会。

◆ 看

第二小组同学在老师的指导下，搜集反映"职业忠诚"的图片或小视频，并通过投影仪播放（解释），然后由1位同学分享小组的学习体会。

◆ 演

第三小组同学自编自演"职业忠诚"3分钟情景剧，演出后由1位同学分享小组的学习体会。

◆ 讲

第四小组同学以"忠诚职业"为主题，准备3分钟演讲，演讲后由1位同学分享小组的学习体会。

◆ 评

由每个小组推选 1 位同学担任活动评审员组成评审组,分别对以上小组的表现进行评分,同时评选出 1 位最佳同学,最后由 1 位同学进行点评。

活动回顾

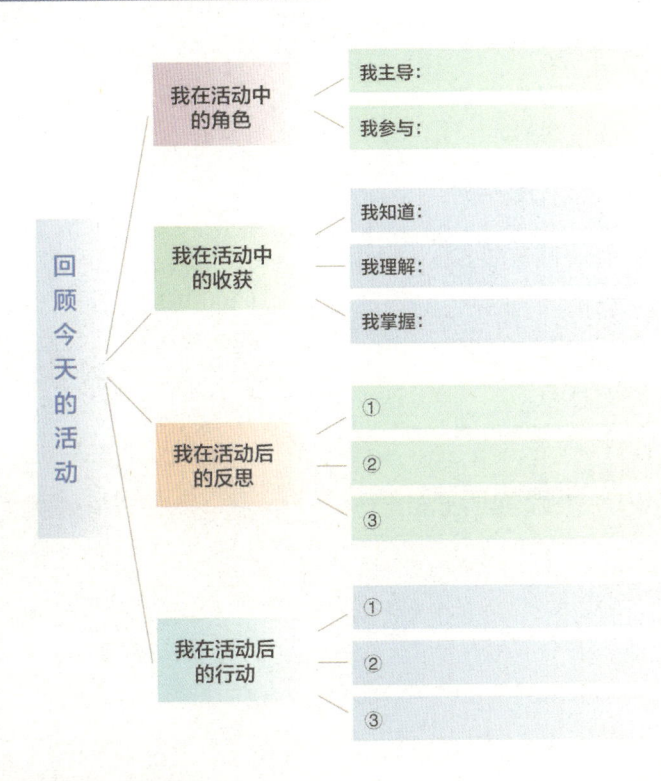

回顾今天的活动
- 我在活动中的角色
  - 我主导:
  - 我参与:
- 我在活动中的收获
  - 我知道:
  - 我理解:
  - 我掌握:
- 我在活动后的反思
  - ①
  - ②
  - ③
- 我在活动后的行动
  - ①
  - ②
  - ③

活动延伸

◆ 写

1. 认识"大国工匠 2018 年度人物"中 29 岁的陈行行。

陈行行来自中国工程物理研究院机械制造工艺研究所,是所里加工中心从事软件编程及数控操作的操作工。

建军 90 周年阅兵,当最后出场的核导弹方队碾过屏幕,千里之外的陈行行和同事沸腾了。陈行行说:"想到我干的哪个零件,在这个里边可能发挥着一个什么样的作用,感觉特别过瘾。像一颗小螺丝钉一样,在其中能够发挥一点点的作用,内心会感觉到很自豪。我们是有我们的拳头的。"

"江山代有才人出",陈行行是中国新一代技能大师的真实写照,在平凡的岗位上坚守,用精湛的技术报国,他说:"这个世界不必知道我是谁,但我参与的事业却惊艳了世界。"

查找陈行行的有关事迹,并写300字以上的观后感。

2. 名文推介:《致加西亚的信》。

活动 18 把不可能变成可能

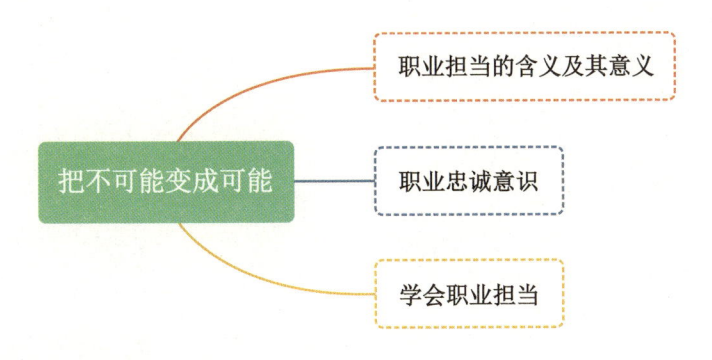

把不可能变成可能
- 职业担当的含义及其意义
- 职业忠诚意识
- 学会职业担当

活动目标

1. 了解职业担当的含义及其重要意义。
2. 增强职业担当意识。
3. 学会职业担当。

活动探究

情境导入

1978 年 12 月 10 日，随着郎平第一次作为中国女排队员征战曼谷亚运会起，中国实现了三大球（足球、篮球、排球）历史性突破，开创了世界女排的一个新纪元（1981 年到 1986 年，中国女排创下了世界排球史上第一个"五连冠"）。

然而，在郎平离开的日子里，中国女排除了 2003 年和 2004 年获得两个冠军，就一直与冠军无缘，甚至在 2010 年的世锦赛上掉到了第十名，2012 年伦敦奥运会负于日本女排而无缘四强。2013 年 4 月 25 日，郎平回来了，她正式成为中国女排主教练，吹响了中国女排复苏的号角。

职业精神培育

🔷 学生思考

1. 在老师的指导下，查找郎平执教中国女排率队取得的成绩，并思考：郎平是如何担当中国女排主教练重任的？

2. 郎平的事迹对我们今后的职业生涯有何指导意义？

✳ 知识探究

担当精神是中华民族的优良传统。"先天下之忧而忧，后天下之乐而乐"的范仲淹，"人生自古谁无死，留取丹心照汗青"的文天祥，"为世界进文明，为人类造幸福"的李大钊，无不诠释了炎黄子孙勇于担当的品质。

担当意为接受并负起责任（《现代汉语词典（第7版）》，商务印书馆），出自《朱子语类》卷八七："岂不可出来为他担当一家事？"

担当的引申含义：勇于担责，有魄力；肩负使命，尽心竭力；旗帜鲜明，善始善终，善作善成。

国家兴亡，匹夫有责。实现中华民族伟大复兴，每一个人都是参与者、建设者和担当者。职场中，责任是信念之基，担当是力量之源。因此，职业担当是我们站在民族复兴大业高度上的神圣权利和光荣义务，是推进国家各项事业不断向前发展的最宝贵的精神财富。

职业担当的表现有：

（1）在需要时，责无旁贷地挺身而出。

（2）全力履行义务，承担自己的责任。

（3）敢于较真碰硬，任劳任怨。

（4）有饱满的工作激情和强烈的责任心。

活动体验

说

在老师的指导下，第一小组同学上网查找人类护理事业的创始人弗洛伦斯·南丁格尔的生平事迹，找出她对护理职业的热爱和担当故事，并由1位同学分享小组的学习体会。

看

在老师的指导下，第二小组同学搜集世界及中国各个历史时期反映"职业担当"的图片或小视频，并通过多媒体进行播放（或展示），然后由1位同学分享小组的学习体会。

演

第三小组同学自编自演以"职业担当"为主题的3分钟情景剧，演出后由1位同学分享小组的学习体会。

职业精神培育

◆ 讲

第四小组同学以"职业担当"为主题，准备 3 分钟演讲，演讲后由 1 位同学分享小组的学习体会。

◆ 评

由每个小组推选 1 位同学担任活动评审员组成评审组，分别对以上小组的表现进行评分，同时评选出 1 位最佳同学，最后由 1 位同学进行点评。

活动回顾

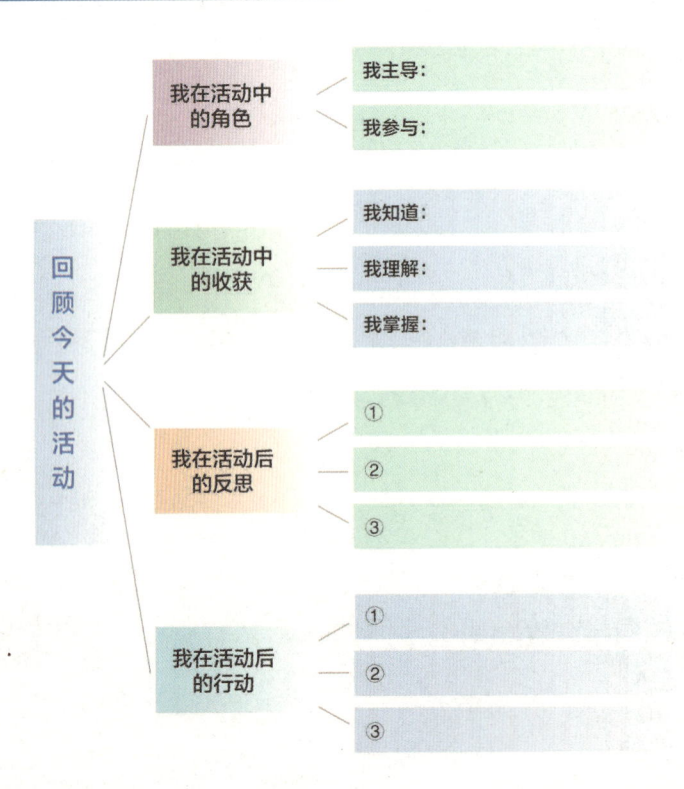

回顾今天的活动
- 我在活动中的角色
  - 我主导：
  - 我参与：
- 我在活动中的收获
  - 我知道：
  - 我理解：
  - 我掌握：
- 我在活动后的反思
  - ①
  - ②
  - ③
- 我在活动后的行动
  - ①
  - ②
  - ③

活动延伸

◆ 想

　　查找十九大代表、"铸心"路上的担当者袁健松的相关事迹,想一想:同为技工人才,你能从他身上学到职业担当的哪些精神?

职业精神培育

活动 19　正确处理职场中的利益冲突

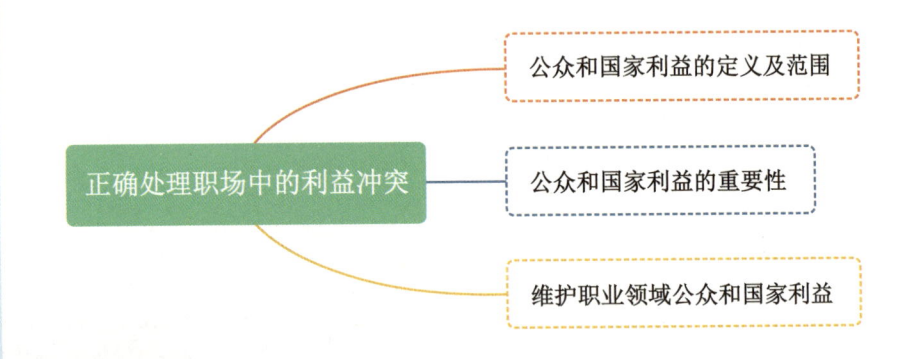

```
正确处理职场中的利益冲突 ── 公众和国家利益的定义及范围
                      ── 公众和国家利益的重要性
                      ── 维护职业领域公众和国家利益
```

活动目标

1. 知晓职业生涯中的公众和国家利益的范围。
2. 了解职业领域内公众和国家利益的重要性。
3. 学会维护职业领域内公众和国家利益。

活动探究

情境导入

在航天员大队公寓门前印刻着 8 个大字："祖国利益高于一切"。

学生思考

1. 在老师的指导下，搜一搜中国航天员的有关资讯，想一想：他们是怎么践行"祖国利益高于一切"信念的？

2. 想一想：每个人在其职业生涯中应该如何正确处理个人利益、公众利益及国家利益之间的关系？

🞳 知识探究

职业品质中的一个重要方面是公正有德，不为个人或小团体之利而损害公众或集体的利益，以及整个行业和社会、国家的利益。每种职业领域都会对应该领域的社会公众乃至国家的利益，例如，餐饮行业中食品卫生和食品安全对应着广大消费者的身心健康利益，保守国家军工机密对应着国家安全利益。

维护公众利益和国家利益是职业领域内一个十分重要的职业行为。如果为了个人小团体或企业局部的利益，而损害和牺牲社会公众乃至国家的利益，往往会导致个人的违法违规乃至犯罪。因此，对国家和职业的忠诚，维护公众和国家利益，就是在谋求自己的利益和幸福。

职业领域中的公众和国家利益包括：

（1）遵守国家法律法规以及公司的规章制度。

（2）对公司负责，并积极承担相应的社会责任。

（3）不因个人利益而损害集体利益，不因局部利益而损害行业、公众和国家利益。

（4）诚实守信，发现有损集体、社会公众及国家利益的行为，应按相关职责积极制止并如实报告。

活动体验

◆ 说

在老师的指导下，第一小组同学上网查找维护职业领域中的公众和国家利益的故事，并由 1 位同学分享小组的学习体会。

◆ 看

在老师的指导下，第二小组同学搜集反映"维护职业领域中的公众和国家利益"的图片或小视频，并通过多媒体进行播放（或展示），然后由 1 位同学分享小组的学习体会。

◆ 演

第三小组同学自编自演以"维护职业领域中的公众和国家利益"为主题的 3 分钟情景剧，演出后由 1 位同学分享小组的学习体会。

◆ 讲

第四小组同学以"维护职业领域中的公众和国家利益"为主题，准备 3 分钟演讲，演讲后由 1 位同学分享小组的学习体会。

评

由每个小组推选 1 位同学担任活动评审员组成评审组，分别对以上小组的表现进行评分，同时评选出 1 位最佳同学，最后由 1 位同学进行点评。

活动回顾

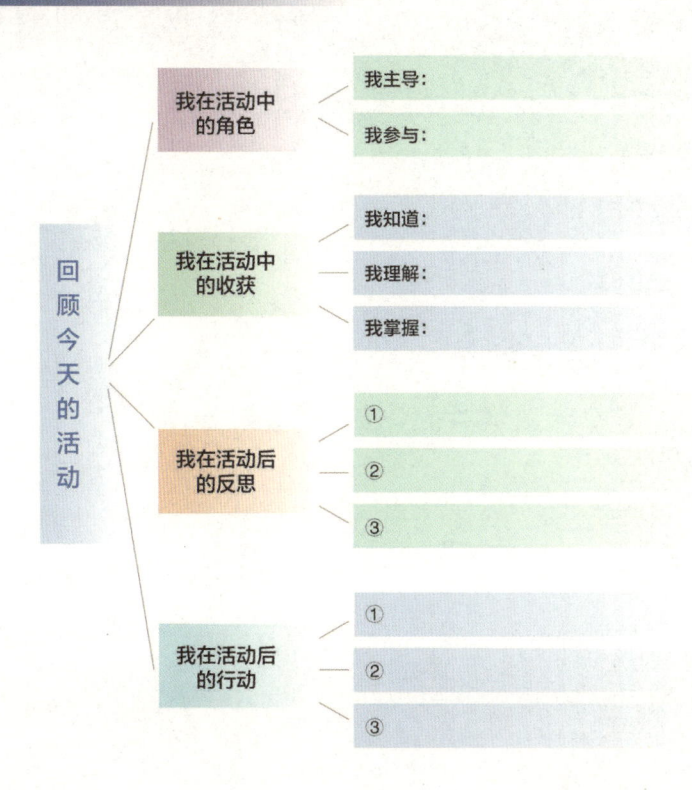

回顾今天的活动
- 我在活动中的角色
  - 我主导：
  - 我参与：
- 我在活动中的收获
  - 我知道：
  - 我理解：
  - 我掌握：
- 我在活动后的反思
  - ①
  - ②
  - ③
- 我在活动后的行动
  - ①
  - ②
  - ③

活动延伸

写

某国防军工研究所的高级工程师，因个人利益驱使被美国一个叫杰克的人拉下水，出卖国家研制尖端武器的秘密，损害国家安全利益。2017年5月，郑州市中级人民法院以间谍罪判处其有期徒刑15年。

在老师的指导下，搜一搜有关损害公众或国家利益的案例，每人写下不少于200字的感想。

活动 20 巅峰之上再突破

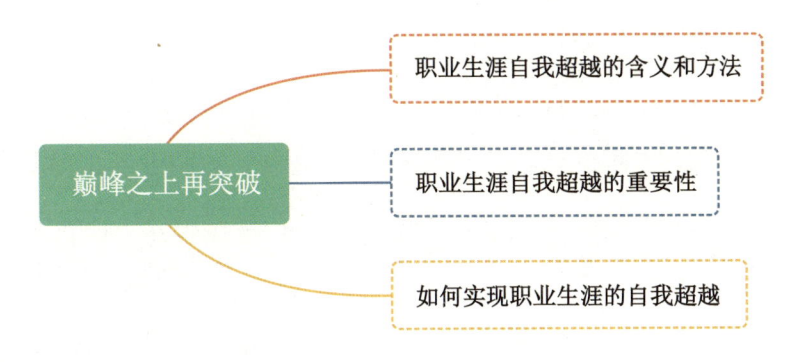

```
                  ┌─ 职业生涯自我超越的含义和方法
巅峰之上再突破 ────┼─ 职业生涯自我超越的重要性
                  └─ 如何实现职业生涯的自我超越
```

活动目标

1. 了解职业生涯中自我超越的含义和方法。
2. 了解职业生涯中自我超越的重要性。
3. 实现职业生涯中的自我超越。

活动探究

情境导入

中国是世界水力发电大国，世界第一坝——三峡水力发电枢纽就是中国水电实力的象征。中国水力发电机组的制造水平如同中国高铁一样，处于世界领先水平。被誉为"金手指"的裴永斌是中国水力发电机组制造领域的众多大国工匠中的一位杰出代表。

裴永斌是哈尔滨电机厂一名生产发电机组核心器件——弹性油箱的有着 30 多年工龄的车工，是全厂唯一靠双手摸就能"测量"百分之一毫米的工匠，其测量精度和效率甚至超过一些专用仪器，成为行业里公认的"金手指"，是哈尔滨电机厂制造先进电机设备的秘密武器，技术位置无可替代。

职业精神培育

随着弹性油箱产品畅销全球，哈尔滨电机厂给裴永斌配置了最新的数控机床，以此满足工厂的订单需求。但编程和经验的精确数据化，对靠双手站在技术巅峰的裴永斌来说是个极大的新的挑战。面对这个挑战，他有没有勇气超越自己？

学生思考

1. 在老师的指导下观看视频《大国工匠——裴永斌》，认真思考：裴永斌是如何在自我创新和自我超越中到达职业新的巅峰的？

2. 想一想：你将如何在今后的职业生涯中实现自我超越？

知识探究

在职业生涯中实现自我超越，对每个从业者都有着重要的现实意义。生活中变化无处不在，当科技和社会进步对所从事的职业有新的要求，或者是现有职业面临消亡，往往是那些随时做好准备实现自我超越的人不会被生活、职业所淘汰，从而开创个人职业生涯的新局面。

实现职业生涯的自我超越，要做到：

（1）树立正确的世界观、人生观、价值观。

（2）拥有坚强的意志和顽强的毅力。

（3）克服难以想象的艰难困苦，不断尝试与努力。

活动体验

说

在老师的指导下，第一小组同学上网查找职业生涯中实现自我超越的成功案例，并由1位同学分享小组的学习体会。

看

在老师的指导下，第二小组同学搜集反应职业生涯中自我超越的图片或小视频，并通过投影仪进行播放（或展示），然后由1位同学分享小组的学习体会。

演

第三小组同学自编自演以"职业生涯中的自我超越"为主题的3分钟情景剧，演出后由1位同学分享小组的学习体会。

讲

第四小组同学以"超越自我 再创辉煌"为主题，准备3分钟演讲，演讲后由 1 位同学分享小组的学习体会。

◆ 评

由每个小组推选 1 位同学担任活动评审员组成评审组，分别对以上小组的表现进行评分，同时评选出 1 位最佳同学，最后由 1 位同学进行点评。

活动回顾

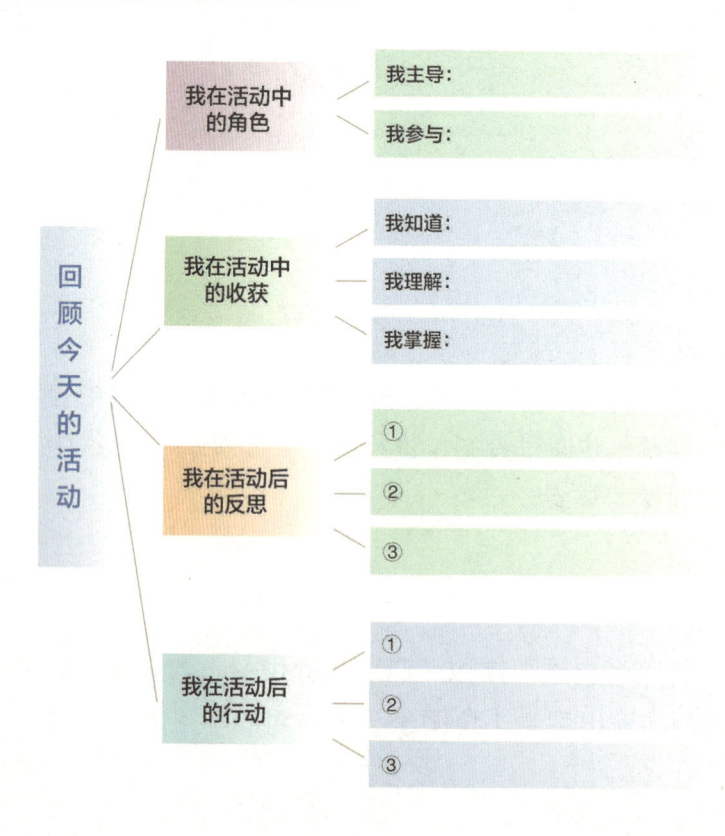

回顾今天的活动
- 我在活动中的角色
  - 我主导：
  - 我参与：
- 我在活动中的收获
  - 我知道：
  - 我理解：
  - 我掌握：
- 我在活动后的反思
  - ①
  - ②
  - ③
- 我在活动后的行动
  - ①
  - ②
  - ③

活动延伸

写

1. 在老师的指导下，查一查历史人物范蠡的故事，谈一谈范蠡是怎样从一位越国著名大臣，功成名就之后急流勇退，成为后代许多生意人心中"财神"的。

2. 观看电视连续剧《荣耀乒乓》，思考两位主人公是如何在追求中不断超越自我的，并写下不少于200字的观后感。

活动 21　与人为善，推进事情

与人为善，推进事情 —— 学会善解人意
　　　　　　　　　 —— 学会宽容大度

活动目标

1. 学会善解人意。
2. 学会宽容大度。

活动探究

情境导入

孔子说："成事不说，遂事不谏，既往不咎。"

学生思考

1. 请将孔子的话翻译成白话文。

2. 从孔子的这句话中，你看到了什么大智慧？

❋ 知识探究

1. 学会"察言观色"

我们要学会观察别人，首先可以学会观察别人的情绪变化，也就是能够通过别人的面部表情、身体姿态或行动等方面去知道别人的情绪变化。所以，千万不要一厢情愿地只注意自己，忽略了别人的感受，而做出不受欢迎的行为。

2. 学会宽容别人

正所谓"金无足赤，人无完人"。"世界上没有不生杂草的花园。月亮的脸上也是有雀斑的。"忍一时风平浪静，退一步海阔天空。每个人都有做错事的时候，有句话是这样说的："生气是拿别人的错误来惩罚自己。"这个时候与其抱怨、埋怨，还不如报以对方一个微笑，对自己说一句"没关系"。

活动体验

◆ 说

在老师的指导下，第一组同学查一查曾国藩"屡败屡战"的历史典故，说一说曾国藩为什么能成功地改变朝廷上下对他的看法，并由1位同学分享小组的学习体会。

看

说话技巧需注意重音运用、停连技巧、节奏变化、语气控制。在老师的指导下,利用网络搜索《我是演说家》,挑选其中一期节目进行观看,并记录下别人进行表达时的优点和缺点。

演

第二小组选派两位同学,以"小孩将自己的父亲经常用的古董茶壶打碎了"为故事情节,上演小孩与父亲 2~3 分钟对话的情景剧。演出后,各组同学写下体会。

讲

第三小组同学讲一讲:在说话技巧的学习方面还有哪些是值得自己去努力提高的?

💠 评

由每个小组推选 1 位同学担任活动评审员组成评审组，分别对以上小组的表现进行评分，同时评选出 1 位最佳同学，最后由 1 位同学进行点评。

活动回顾

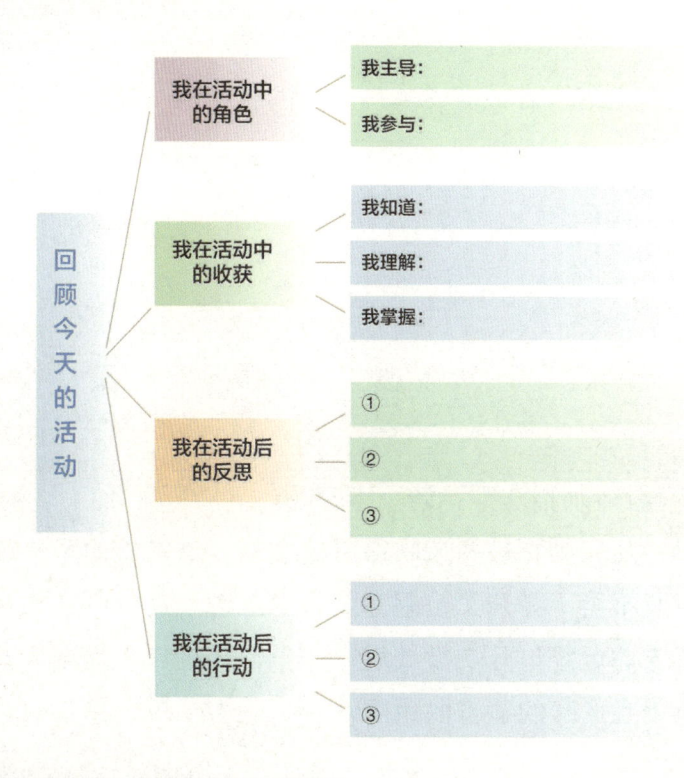

```
                    ┌─ 我在活动中 ──┬─ 我主导：
                    │   的角色    └─ 我参与：
                    │
                    │               ┌─ 我知道：
                    ├─ 我在活动中 ──┼─ 我理解：
回顾今天的活动 ──┤   的收获    └─ 我掌握：
                    │
                    │               ┌─ ①
                    ├─ 我在活动后 ──┼─ ②
                    │   的反思    └─ ③
                    │
                    │               ┌─ ①
                    └─ 我在活动后 ──┼─ ②
                        的行动    └─ ③
```

活动延伸

💠 写

1. 快乐人生的作业

每天对身边的人多微笑三次，对他说一句真心赞美的话，把欢乐传递下去。

每天花 5 分钟想一想自己拥有的，试着去感恩。

每天原谅一个伤害过你的人，让痛苦的能量到你这里为止，做

"痛苦终结者"。

每天做一件帮助他人的好事。

当别人让你感到不愉快时，尽量去理解他，试着去了解他的苦衷。

每天锻炼身体一次。

每天称赞别人的优点，并尽量向他学习。

为别人的成绩鼓掌，而不是嫉妒。

2. 如何看待刺猬法则？请写下感想。

森林里，几只刺猬被寒风吹得瑟瑟发抖，当它们想紧靠在一起互相取暖时又不得不弹开了，因为刺猬身上都长着尖刺，靠在一起就会刺痛对方。但经过几次尝试后，刺猬们最后终于找到了既不刺痛彼此又能相互取暖的适当的距离。

活动 22　学会说话，幽默生动

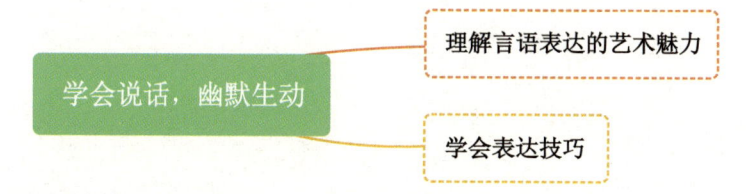

学会说话，幽默生动
- 理解言语表达的艺术魅力
- 学会表达技巧

活动目标

1. 准确理解言语表达的艺术魅力。
2. 注重表达技巧及能力的培养。

活动探究

情境导入

　　一个人请客吃饭，请四个人，结果只来了三个。左等右等，第四个人就是不来，于是主人就背着手，在屋里转来转去，嘴里念叨着："这可怎么办呢，该来的没来。"第一个客人听到了，问他："你说该来的没来，意思是我们就是不该来的了。走了，伤自尊了！"接着生气地走了。主人一看第一个客人走了，摇了摇头，自言自语道："这可怎么办呢，不该走的走了。"第二个客人听到了，问他："你说不该走的走了，意思是我们两个是该走的了。那好，我走了，伤自尊了！"接着生气地走了。第三个客人一看情形，就对他说："我说兄弟呀，你的意思其实大家都明白，可话也不能这么说……"主人连忙申辩道："你看这可怎么办呢，其实我不是说他们俩的。"第三个客人一听，生气道："噢，闹半天原来你是说我呀。走了，太伤自尊了！"于是第三个客人也走了。

职业精神培育

学生思考

1. 想一想：为什么主人请客，因为说话的原因导致三个客人都走了？

2. 如果你是这位主人，你会怎么对来的客人说话？

知识探究

1. 语言思维

思维是人的大脑对客观事物的一种主观反映，思维的结果需要用语言去表达，正如一句谚语所说："舌头是心灵的翻译家"。这也就是我国汉代扬雄所说"言，心声也"的意思。它们都揭示了思维与口语表达的关系。从中也就提出了口才训练的一个基本原则，即在培养口才的全过程中，实施思维和表达的同步训练。因为口头表达是受复杂的生理和心理活动所制约的，想与说存在相辅相成、相互作用的依存关系。

思维练习活动：

（1）在"十"字上加1~3笔变成一个新字，要有10个。

（2）"一切都有可能"，在下列等式的数字后面加上单位名称，使等式成立。

$$1+1=1 \quad 2+1=1 \quad 3+4=1 \quad 4+6=1$$

2. 说话技巧

坏话好说，狠话柔说，大话小说，笑话冷说，重话轻说，急话缓说，长话短说，虚话实说。

活动体验

说

美国著名作家马克·吐温收到一封信。这是一位青年人写来的，他想向马克·吐温请教成为大作家的诀窍。信中说："听说鱼含大量的磷质，而磷是有利于脑子的。看来要成为一个大作家，一定要吃很多鱼吧？但不知道你究竟吃的什么鱼？又吃了多少呢？"马克·吐温回信说："看来，你得吃一条鲸才行。"请你结合上面的事例说一说：言语表达有着怎样的艺术魅力？

职业精神培育

◆ 演

请各组分别选派一名代表上台,给大家讲一则幽默故事。另外,请每位同学写一则内容健康且有深刻寓意的幽默故事。

◆ 讲

小丽的爷爷患了高血压,十分紧张。医生给他配了一瓶降血压的药,标签上注着"5g,100片。用法与用量:口服,一次50mg,一日3次,待血压降下来后改为一日1次"。小丽该如何向爷爷说明吃药的量和时间?又如何才能消除爷爷紧张的心理呢?

活动回顾

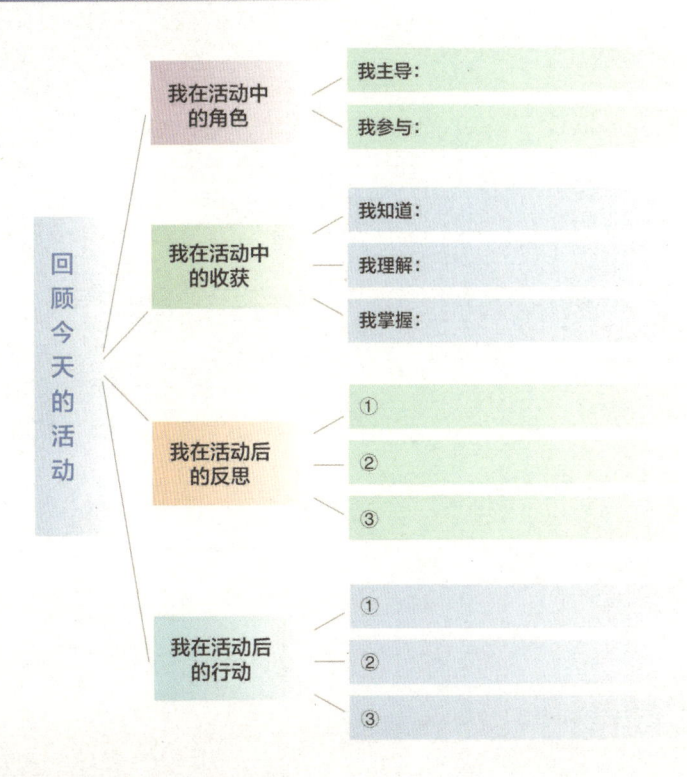

回顾今天的活动
- 我在活动中的角色
  - 我主导：
  - 我参与：
- 我在活动中的收获
  - 我知道：
  - 我理解：
  - 我掌握：
- 我在活动后的反思
  - ①
  - ②
  - ③
- 我在活动后的行动
  - ①
  - ②
  - ③

活动延伸

写

1. 熟读"指点迷津"

求人办事说"拜托"，请人帮忙说"劳驾"；
请改文章说"斧正"，向人祝贺说"恭喜"；
老人年龄说"高寿"，看望别人说"拜访"；
送礼给人说"笑纳"，对方来信说"惠书"；
送人照片说"惠存"，欢迎购买说"惠顾"；
希望照顾说"关照"，赞人见解说"高见"；
请人指点说"赐教"，归还物品说"奉还"；
等候别人说"恭候"，未及迎接说"失迎"；
问人姓名说"贵姓"，答说己姓说"免贵"。

2. 请同学们阅读刘墉的著作《说话的魅力》并写下不少于200字的读后感。

活动 23　学会倾听，高效表达

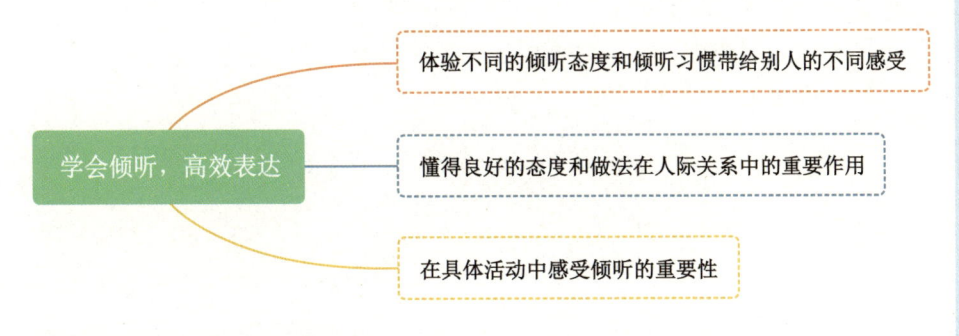

```
                    ┌── 体验不同的倾听态度和倾听习惯带给别人的不同感受
学会倾听，高效表达 ──┼── 懂得良好的态度和做法在人际关系中的重要作用
                    └── 在具体活动中感受倾听的重要性
```

活动目标

1. 理解倾听是一种礼貌，是与他人进行沟通表达的良好前提。
2. 进行倾听训练，提升获取关键信息的能力。
3. 将倾听素养转化为高效的语言表达能力。

活动探究

情境导入

　　春秋时期，孔子周游列国，在陈国与蔡国的交界地陷入了缺粮少饭的困境。孔子的得意门徒颜回从外面讨来一些米，赶紧给老师做饭。在饭刚刚做好的时候，孔子无意间瞥见颜回偷偷地将一把饭放进嘴里，于是孔子心里很不高兴，他没料到自己最喜欢的学生竟在这个困难时刻先想到的是自己。但孔子仍保持着一种平和的心态。饭端上来后，孔子并没有马上吃，而是对颜回说："刚才我睡觉的时候，梦见自己的先人了，我现在要用这洁净的饭祭祀先人。"不料，颜回赶忙劝阻说："这饭不能祭祀先人，它不干净。饭刚熟时，有灰土掉进了饭中，我没舍得扔，就把饭先抓出来吃了。"孔子这才知道错怪了颜回。他对弟子们感叹道："我原来是相信自己的眼睛的，现

109

在看来不能完全相信了;我原来是信赖自己的头脑的,现在看来也不能完全信赖了。你们记住,真正理解人是很难的。"

学生思考

1. 你是否有虚心倾听他人建议或意见的习惯?

2. 你认为良好的倾听行为表现有哪些?不良的倾听行为表现有哪些?可从眼神、表情、动作、言语等方面进行表述。

3. 请结合具体事例谈谈善于倾听有哪些好处。

✦ 知识探究

1. 倾听的艺术

要想与人和谐相处，就要学会倾听。倾听会带来改变。当你倾听他人谈话时，你会在他人的话语中体验交流语境，从而建立一种关系，这种关系可能会持续一分钟，也可能会持续很长时间。因此，倾听是一门艺术。

2. 倾听与听见的区别

听见是一种客观的行为，是声波振动耳膜后产生的。倾听不仅包括了听见，而且还是将声音转换为意义的过程，包括感知、理解。

3. 影响倾听的因素

（1）倾听者认知框架的偏见。

（2）倾听者的信息滤镜。

（3）倾听者的情绪。

活动体验

◆ 说

规则：学生分成若干小组，教师选择一段话或者一个小故事，先讲给第一小组代表听，然后由第一小组代表讲给第二小组代表听，依次类推，直到所有小组听完，然后各小组分别选派代表上台复述内容。

◆ 看

在老师的指导下，借助网络视频，点击观看"我是演说家：复旦大学教师熊浩演讲《倾听的力量》"，并写下自己的观后感。

演

选派两位同学上台演示不良倾听行为表现，其他同学认真观看，并罗列出你所认为的不良倾听行为。

讲

请讲一讲：在沟通中怎样才能做到有效倾听？

活动 23

活动回顾

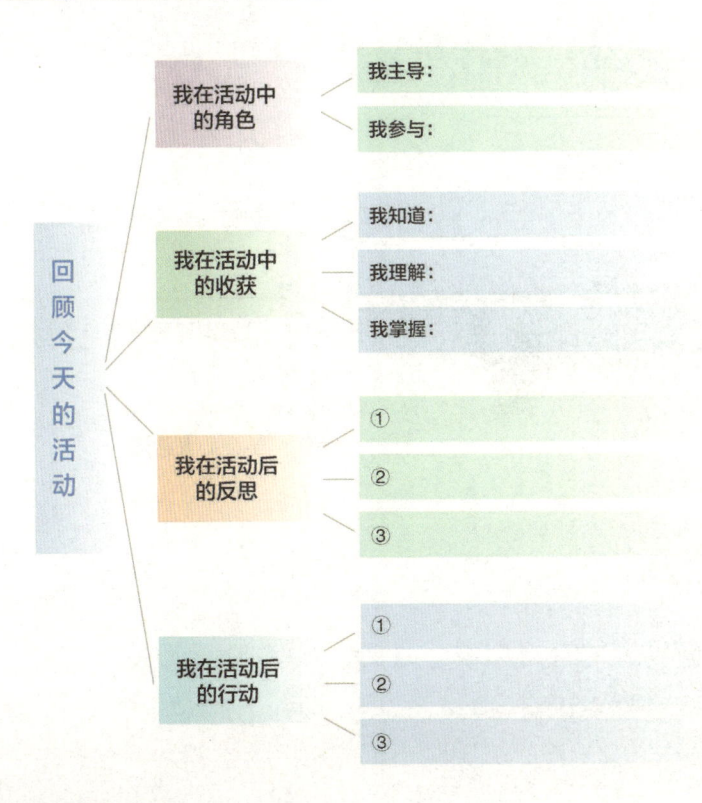

回顾今天的活动
- 我在活动中的角色
  - 我主导：
  - 我参与：
- 我在活动中的收获
  - 我知道：
  - 我理解：
  - 我掌握：
- 我在活动后的反思
  - ①
  - ②
  - ③
- 我在活动后的行动
  - ①
  - ②
  - ③

活动延伸

◆ 写

阅读戴尔·卡内基的《倾听》，并将所学到的倾听技巧写下来。

活动 24　和谐沟通，从心开始

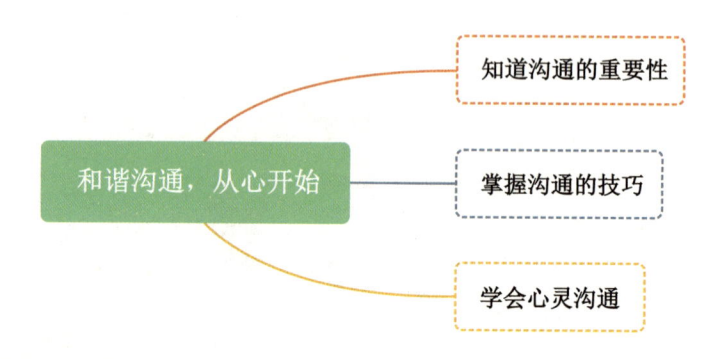

```
和谐沟通，从心开始 ── 知道沟通的重要性
                 ── 掌握沟通的技巧
                 ── 学会心灵沟通
```

活动目标

1. 了解沟通的含义和重要意义。
2. 树立沟通意识。
3. 掌握沟通技巧。

活动探究

情境导入

一位老太太去买水果。第一个小贩问：请问你要买什么水果？老太太告诉他要买李子。小贩赶忙介绍他卖的李子是又大又甜，特好吃。但老太太却摇摇头，没有买，走了。第二个小贩说他的李子有很多种，有酸的、有甜的，老太太马上买了一斤酸的李子。第三个小贩很好奇，问为什么要买酸李子。老太太告诉他，儿媳妇怀孕了，想吃酸的。第三个小贩马上说，老太太，你对儿媳妇真好！你要天天给她买酸李子吃，说不定给你生个大胖孙子！老太太听了很高兴。小贩接着说，光吃酸的还不够，胎儿需要维生素。猕猴桃含维生素最丰富，要经常给儿媳妇买猕猴桃才行！这样能确保儿媳妇

生漂亮健康的宝宝。老太太一听很高兴，立马买了一斤猕猴桃。此后，这个老太太经常在他这里买水果。

学生思考

以上3个小贩与老太太的交流中，谁的销售最成功？他的秘诀是什么？

知识探究

1. 沟通的含义

沟通是指信息与思想在两个及两个以上主体与客体之间传递和交流的过程。沟通包含以下三个含义：

（1）沟通是双方的行为，而且要有中介体。其中，"双方"既可以是"人"，也可以是"机"。

（2）沟通是一个过程。沟通过程指的是信息交流的全过程。人与人之间的沟通过程可以分为六步：信息发出者将所要发送的信息按一定程序进行编码→使信息沿一定通道传递→接收者收到信息→进行译码处理→对信息进行解读→将收到信息后的情况或反应发回信息发出者（即反馈）。

（3）编码、译码和沟通渠道是有效沟通的关键环节。用语言、文字表达的信息，往往含有"字里行间"和"言外之意"的内容，甚至还会造成"言者无意、听者有心"的结果。而如果沟通渠道选择不当，往往会造成信息堵塞或信息失真现象，这些因素必须在沟通时加以注意。

2. 沟通的作用

沟通不仅是一个人获得他人思想、感情、见解、价值观的一种途径，而且是一种重要的、有效地影响他人的工具和改变他人的手段。在以人为本的管理中，沟通的地位越发重要，管理者所做的每一件事都需要有信息沟通。

（1）收集信息，使决策更加合理有效。沟通的过程实际上就是信息双向交流的过程，准确可靠而迅速地收集、处理、传递和使用信息是决策的基础。

（2）改善人际关系。沟通是人际交往的重要组成部分，它可以解除人们内心的紧张等不良情绪，使人感到愉悦。在相互沟通中，人们可以增进了解、改善关系，减少不必要的冲突。

人际沟通其实并不困难。与人沟通，真诚是基础，技巧是手段，原则是纲领，重视一些核心的交往定律和约定俗成的规则，在心灵相约的范围内发挥，我们的沟通就能做到"从心所欲，不逾矩"。

活动体验

说

在老师的指导下，同学们上网查询有关销售大师的成功案例，并给同学们讲述他们的案例故事，分享自己的学习收获。

写

你跟父母或者朋友之间是否曾发生误解？请给你的父母或朋友写一封信，真诚地沟通。

活动 24

讲

你觉得自己在沟通方面还有哪些需要提升的？你准备如何提高自己的沟通能力？

活动回顾

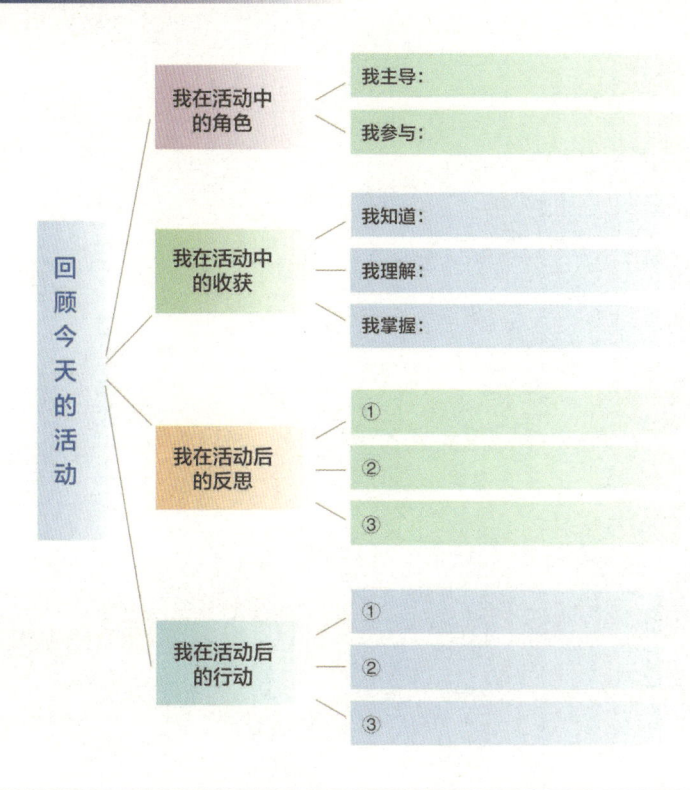

回顾今天的活动
- 我在活动中的角色
  - 我主导：
  - 我参与：
- 我在活动中的收获
  - 我知道：
  - 我理解：
  - 我掌握：
- 我在活动后的反思
  - ①
  - ②
  - ③
- 我在活动后的行动
  - ①
  - ②
  - ③

活动延伸

✦ 写

阅读林伟贤先生的文章《沟通创造财富》,并写下不少于200字的感想。

活动 25 人心齐，泰山移

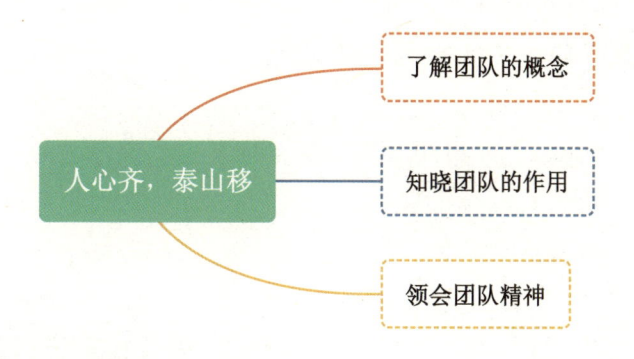

```
                    ┌─ 了解团队的概念 ─┐
人心齐，泰山移 ──────┼─ 知晓团队的作用 ─┤
                    └─ 领会团队精神 ───┘
```

活动目标

1. 了解团队的概念。
2. 知晓团队的作用。
3. 领会团队精神。

活动探究

❀ 情境导入

盛水的木桶是由多块木板箍成的，盛水量也是由这些木板共同决定的。若其中一块木板很短，则此木桶的盛水量就被限制，该短板就成了这个木桶盛水量的"限制因素"（或称"短板效应"）。若要使此木桶盛水量增加，只有换掉短板或将其加长才行。人们把这一规律总结为"木桶原理"，或"木桶定律"，又称"短板理论"。一个水桶无论有多高，它盛水的高度取决于其中最短的那块木板。所谓"水桶理论"也即"水桶定律"，其核心内容为：一只水桶盛水的多少，并不取决于桶壁上最长的那块木板，而恰恰取决于桶壁上最短的那块。根据这一核心内容，"水桶理论"还有两个推论：其一，只有桶壁上的所有木板都足够高，水桶才能盛满水；其二，只要这个水桶里有一块木板不够高度，水桶里的水就不可能是满的。

学生思考

1. 在老师的指导下，搜一搜复星集团相关资讯，想一想：复星集团能取得成功，主要原因是什么？

2. 结合自身的切身经历，谈谈团队协作的重要性。

知识探究

1. 团队的概念

所谓团队，是指互助互利、团结一致为统一目标和标准而坚毅奋斗到底的一群人。团队不仅强调个人的业务成果，更强调团队的整体业绩。古人云：人心齐，泰山移。团队的核心是共同奉献。团队的精髓是共同承诺。

2. 团队的作用

（1）可以调动团队成员的所有资源和才智。

（2）提高组织的效能和工作动力。

（3）增强组织的凝聚力。

（4）自动地驱除所有不和谐和不公正现象。

（5）给予那些诚心、大公无私的奉献者适当的回报。

3. 团队精神的含义

所谓团队精神，简单来说就是大局意识、协作精神和服务精神的集中体现。团队精神的基础是尊重个人的兴趣和成就，核心是协同合作，最高境界是全体成员的向心力、凝聚力。

活动体验

测

1. 某公司一个部门的文艺人才众多，却在公司艺术节上把合唱节目演砸了，同事们责怪部门负责人没有组织好，部门负责人埋怨文艺干事不得力，文艺干事指责领唱的抢节拍，领唱认为伴奏的不配合……可见，成功的合作必须（　　）。

　　A. 合理分工，科学计划

　　B. 发挥成员聪明才智

　　C. 自觉承担责任与义务

　　D. 确立共同的奋斗目标

2. 下列选项中，最能体现合作学习价值的名言俗语是（　　）。

　　A. 疑而能问，已得知识之半

　　B. 授人以鱼不如授人以渔

　　C. 三个臭皮匠赛过诸葛亮

　　D. 循序而渐进，熟读而深思

讲

在老师的指导下，第一组同学查找古今中外因重视团队协作而取得巨大成功的案例，并上台进行展示，汇报成果；第二组依据第一组查找的资料，分析团队是如何发挥作用的，并派代表以"团队合作的重要性"为主题发表主旨演讲；第三组同学负责分析点评，评价第一组、第二组在完成任务过程中的团队落实情况，并分享学习体会。

活动回顾

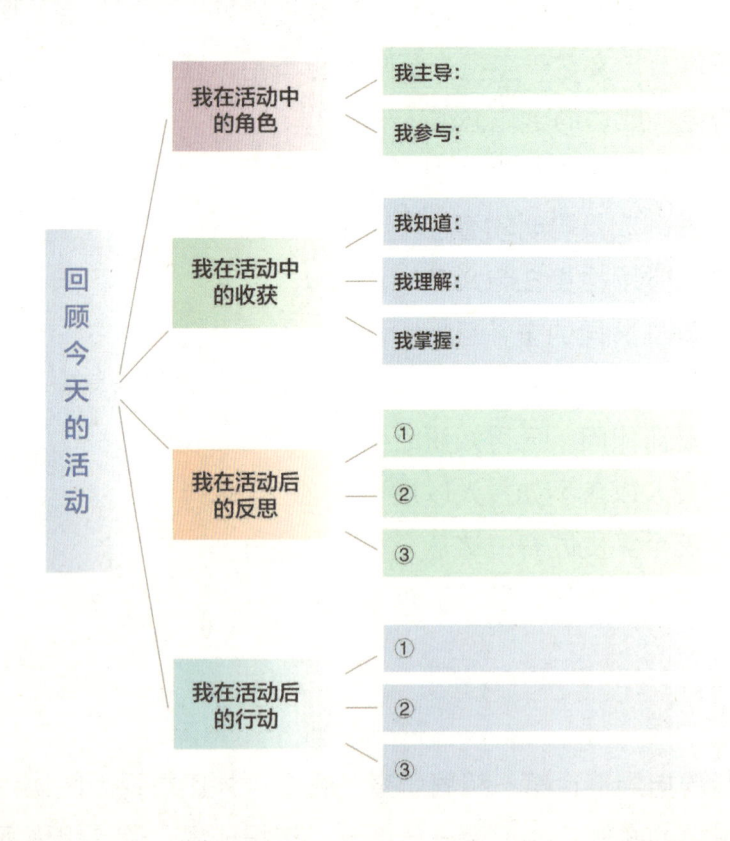

回顾今天的活动
- 我在活动中的角色
  - 我主导：
  - 我参与：
- 我在活动中的收获
  - 我知道：
  - 我理解：
  - 我掌握：
- 我在活动后的反思
  - ①
  - ②
  - ③
- 我在活动后的行动
  - ①
  - ②
  - ③

活动延伸

◆ 写

欣赏电影《夺冠》，写一篇不少于 200 字的观后感。

活动 26　众人拾柴火焰高

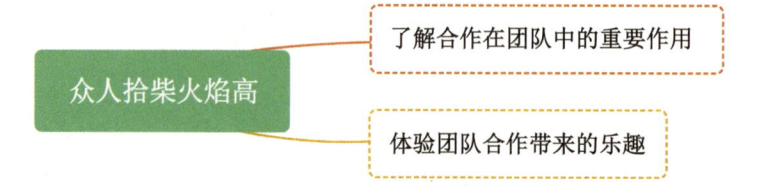

```
众人拾柴火焰高 ── 了解合作在团队中的重要作用
              ── 体验团队合作带来的乐趣
```

活动目标

1. 了解合作在团队中的重要作用。
2. 体验团队合作带来的乐趣。

活动探究

❋ 情境导入

一个外企招聘白领职员，吸引了不少人前去应聘。应聘者中有本科生，也有研究生，他们头脑聪明、博学多才，可以说都是同龄人中的佼佼者。聪明的董事长知道，这些学生有渊博的知识做后盾，书本上的知识是难不倒他们的。于是，公司人事部就策划了一个别开生面的招聘会。

招聘开始了，董事长让前六名应聘者一起进来，然后给了他们75元，让他们去街上吃饭，并且要求：必须保证每个人都吃到饭，不能有一个人挨饿。

六个人从公司出来，来到大街拐角处的一家餐厅。他们上前询问就餐情况，服务员告诉他们，虽然这儿米饭、面条的价格不高，但是每份最低也得 15 元。他们一合计，照这样的价格，六个人一共需要 90 元，可是现在手里只有 75 元，无法保证每人一份。于是，他们垂头丧气地出了餐厅。

回到公司，董事长问明情况后摇了摇头，说："真的对不起，你们虽然都很有学问，但是都不适合在本公司工作。"

其中一人不服气地问道："75元钱怎么能保证六个人全都吃上饭呢？"

董事长笑了笑说："我已经去过那家餐厅了，如果五个或五个以上的人去吃饭，餐厅就会免费加送一份。而你们是六个人，如果一起去吃的话，可以得到一份免费的午餐。可是你们每个人只想到自己，从没有想到凝聚起来，成为一个团队。这只能说明一个问题：你们都是以自我为中心、没有一点团队合作精神的人。而缺少团队合作精神的公司，又有什么发展前途呢？"

听完这些话，六个人顿时哑口无言。

学生思考

1. 六名大学生的遭遇说明什么问题？

2. 合作在个人职业发展中有什么作用？

知识探究

团队合作是一种为达到既定目标所显现出来的自愿合作和协同努力的精神。它可以调动团队成员的所有资源和才智，并且会自动地驱除所有不和谐和不公正现象，同时会给予那些诚心、大公无私的奉献者适当的回报。真正的团队合作必须以别人"心甘情愿与你合作"为基础，而你也应该表现出你的合作动机，并对合作关系的任何变化抱着警觉的态度。团队合作是一种永无止境的过程，虽然合作的成败取决于各成员的态度，但是，维系成员之间的合作关系却是我们责无旁贷的工作。在追求个人成功的过程中，我们离不开团队合作。因为，没有一个人是万能的，即使神通广大的孙悟空，也无法独自完成取经大任。然而，我们却能通过建立人际相互依赖关系，通过别人的帮助来弥补自身的不足。对于团队而言，伙伴之间的友好相处和相互协作至关重要。无论力量型的人、完美型的人、活泼型的人还是和平型的人，都可以凭借自己的性格魅力，来赢得团队伙伴的支持。这样一来，我们就能够实现个人与团队的共同成功。

活动体验

想

团队合作活动方案

1. 团体名称

相亲相爱，共同发展

2. 团体性质

结构式、发展性团体

3. 团体活动目标

（1）总目标：培养团体成员凝聚力与团体信任感。

（2）团体具体目标：

① 凝聚团体共识，强化团体向心力。

② 培养团体的默契，增强成员的互信基础。

③ 强化成员在团队中的自我价值感。

④ 促进成员的互动状况，形成一个良好的团队人际氛围。

⑤ 强调成员间的互助合作精神。

⑥ 透过活动的特殊设计，激发成员的思考力和创造力。

根据以上活动方案，想一想：为了实现这些团队建设的具体目标，我们应该如何做？

小游戏——心有灵犀

道具：A4 纸若干，上面写上一些成语，如"掩耳盗铃""呆若木鸡"等。

步骤：5 人一组，其中 1 人负责将抽到的纸片举起，注意自己不能看到内容，其他 4 位同学根据内容来比画动作，举纸片的同学根据小组同学的动作猜纸片上的成语。不能用语言交流，只能用动作演示，最后举纸片者说出纸片上正确内容即告结束。答对最多、用时最少的小组获得"默契之星"称号。游戏结束后，请"默契之星"小组分享游戏体会。

活动回顾

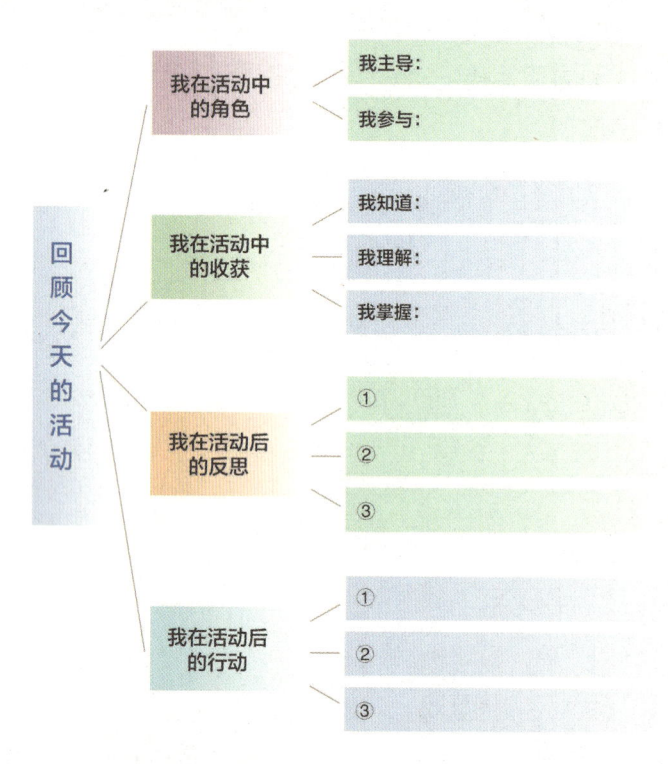

回顾今天的活动
- 我在活动中的角色
  - 我主导：
  - 我参与：
- 我在活动中的收获
  - 我知道：
  - 我理解：
  - 我掌握：
- 我在活动后的反思
  - ①
  - ②
  - ③
- 我在活动后的行动
  - ①
  - ②
  - ③

活动延伸

想

1. 试想一下：如果你是团队的负责人，你将如何提升团队的合作能力？

2. 培养良好的团队关系有哪些方法?

活动 27 获取信息，解决问题

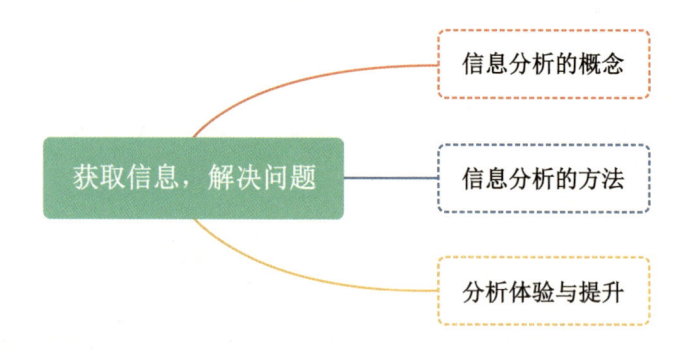

```
                          ┌─ 信息分析的概念
获取信息，解决问题 ────────┼─ 信息分析的方法
                          └─ 分析体验与提升
```

活动目标

1. 了解信息分析的概念。
2. 掌握信息分析的方法和流程。
3. 了解自身情况，改进自身问题。

活动探究

❋ 情境导入

爱迪生是历史上著名的发明家之一。

据传，他有一个非常得力的助手叫阿普顿，毕业于美国普林斯顿大学的数学系。阿普顿本人有些恃才傲物，爱迪生为了让阿普顿能谦虚谨慎地工作，给阿普顿出了一道难题。一天，爱迪生拿着一个梨子形状的灯泡交到阿普顿手上，表示因为实验需要，希望阿普顿能计算出这个灯泡的体积。于是阿普顿使用常规的数学方法，画草图、套公式，几小时后，爱迪生过来询问计算结果，阿普顿满头大汗并高兴地告诉爱迪生，他已经找到了计算方法，只是还需要进行一些计算才能算出结果。爱迪生很诧异地对阿普顿说："你的方法既复杂又费时间，我的想法是你可以将灯泡里装满水，然后将灯泡

里的水倒入量杯里，通过查看量杯的刻度就能知道灯泡的体积了。"听到这里，阿普顿满脸通红，羞愧不已。自此以后，阿普顿兢兢业业、为人低调地为爱迪生工作，最终成为爱迪生身边的一名优秀助手。

学生思考

1. 故事中阿普顿苦苦计算几小时都得不到答案，爱迪生却仅用一分钟就解决了难题，这给了你什么样的启发？

2. 假如你在工作中遇到类似的问题，你将如何解决问题？

知识探究

1. 信息

信息是消息和信号的具体内容及意义，通常需通过处理和分析来提取。美国数学家、信息论创始人香农（1916—2001）于1948年首次提出此概念。他认为，信息是能够用来消除不确定性的东西，人们通过消息或信号的传递获得信息，降低不确定性。信息一般以文件或可听、可视的媒介为载体，有一个发送者和一个接收者，它不仅对接收者施加影响，而且是为一定的目标而组织起来的。当资料产生源给它一定意义后，资料就变成了信息。

2. 信息分析

信息分析是指以社会用户的特定需求为依托，以定性和定量研究方法为手段，通过对社会信息的收集、整理、鉴别、评价、分析、综合等系列化的加工过程，形成新的、增值的信息产品，最终为不同层次的科学决策服务的一项具有科研性质的智能活动。

活动体验

画

请填写以下表格，在适合的选项后画"√"。

内　　容	你的答案（请在括号里画"√"）
1. 善于问为什么	善于（　）；一般（　）；不善于（　）
2. 主动记住你身处环境周围的事物	会（　）；偶尔（　）；不会（　）
3. 你会将你看到的东西转化为数据	会（　）；偶尔（　）；不会（　）
4. 善用头脑风暴法	善于（　）；一般（　）；不善于（　）
5. 看过很多案例	很多（　）；一般（　）；没有（　）
6. 有较强的想象力	强（　）；一般（　）；很弱（　）
7. 多分析、多总结、多实践	很多（　）；一般（　）；没有（　）

写

根据上表的填写情况，找出差距，提出改进方案，并记录下来。

想

假设你现在已经成为某公司的一名职员，领导给你安排了一项接待任务，请你写下你接到此任务后的工作流程。

活动回顾

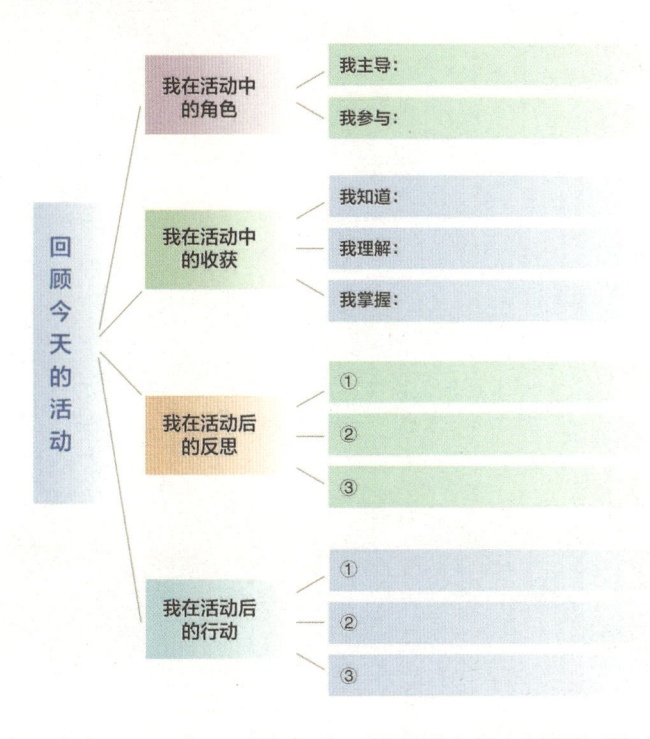

回顾今天的活动
- 我在活动中的角色
  - 我主导：
  - 我参与：
- 我在活动中的收获
  - 我知道：
  - 我理解：
  - 我掌握：
- 我在活动后的反思
  - ①
  - ②
  - ③
- 我在活动后的行动
  - ①
  - ②
  - ③

活动延伸

◆ 写

1. 信息分析流程图

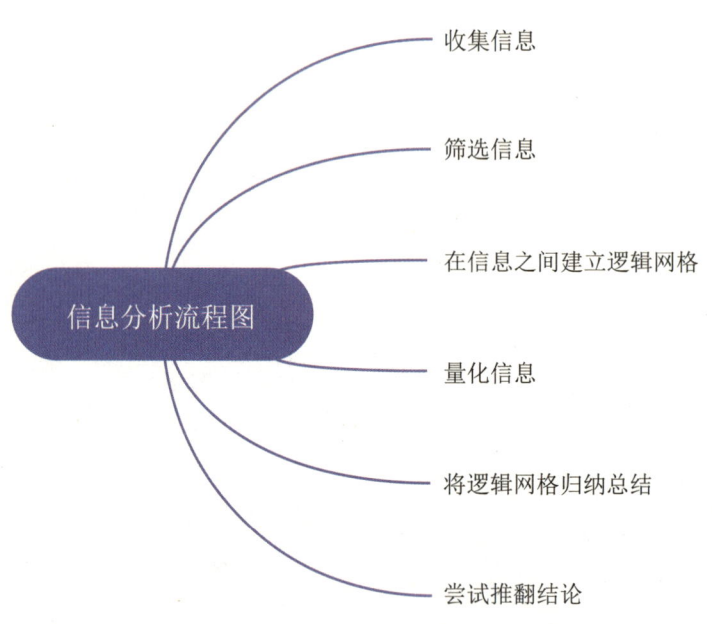

```
                          ── 收集信息
                          ── 筛选信息
                          ── 在信息之间建立逻辑网格
      信息分析流程图  ──┤
                          ── 量化信息
                          ── 将逻辑网格归纳总结
                          ── 尝试推翻结论
```

2. 阅读《麦肯锡问题分析与解决技巧》，并写下不少于 200 字的心得体会。

活动 28　信息真假我来辨

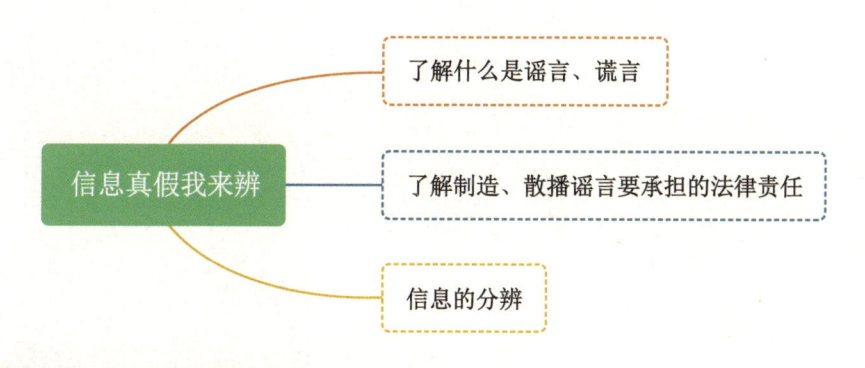

```
                    ┌─ 了解什么是谣言、谎言
信息真假我来辨 ──────┼─ 了解制造、散播谣言要承担的法律责任
                    └─ 信息的分辨
```

活动目标

1. 了解什么是谣言、谎言。
2. 了解制造、散播谣言要承担的法律责任。
3. 学会网络和社会中的信息分辨方法，提升分析能力。

活动探究

情境导入

A、B、C、D 四位同学在教室打扫卫生，老师来到教室后询问他们谁打扫了卫生，他们想让老师猜猜是谁打扫的卫生，他们的回答如下：

A 同学：不是我打扫的。
B 同学：是 D 打扫的。
C 同学：是 B 打扫的。
D 同学：B 说的是假话。

其中只有一位同学说的是真话，那么请问：是谁打扫了教室卫生？（　　）

A. A 同学　　　　　　　　B. B 同学

C. C同学	D. D同学

学生思考

1. 你是如何得出上述问题的答案的？请写下你的分析过程。

2. 你在生活中玩过类似的游戏或遇到过类似的情形吗？你会采取什么方式解决这些问题呢？

知识探究

1. 谎言

谎话，不真实的、骗人的话。

2. 谣言

没有事实根据的消息。

3. 网络谣言

网络谣言是指通过网络介质（如微博、国外网站、网络论坛、社交网站、聊天软件等）传播的谣言，一般为没有事实依据，带有攻击性、目的性的话语，主要涉及突发事件、公共卫生、食品药品安全等领域。

4. 分析能力

分析能力包括将问题系统地组织起来，对事物的各个方面和不同特征进行系统比较，认识到事物或问题在出现或发生时间上的先后次序，在面临多项选择的情况下，通过理性分析来判断每项选择的重要性和成功的可能性，以决定取舍和执行的次序，以及对前因后果进行线性分析的能力等。

活动体验

想

谣言和谎言为什么会产生？请把你的答案写下来。

写

你在获取社会和网络信息时是如何辨别虚假信息的？请将你的答案写下来。

◆想

我们要通过哪些手段或方法才能较好地分辨信息的真假？请将你的答案写下来。

◆查

我国针对发布、传播不实信息等违法犯罪活动的法律法规条文有哪些？请将你的答案写下来。

活动28

活动回顾

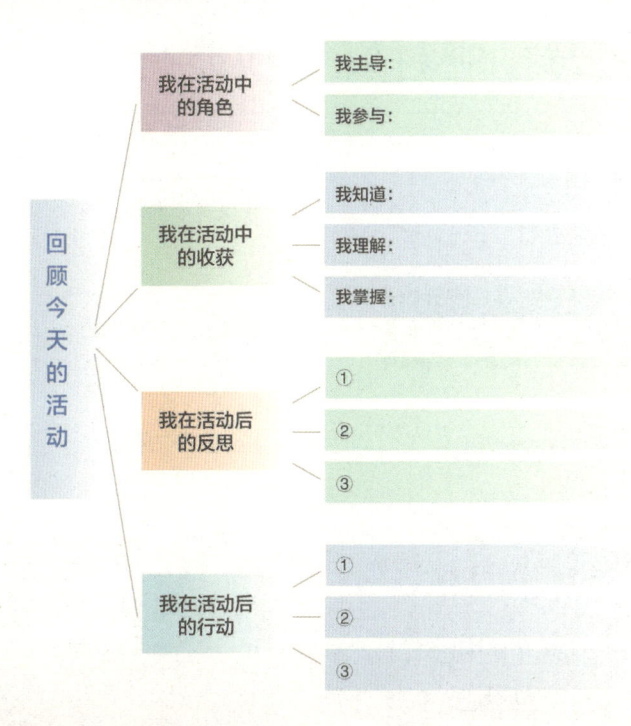

```
回顾今天的活动
├── 我在活动中的角色
│   ├── 我主导：
│   └── 我参与：
├── 我在活动中的收获
│   ├── 我知道：
│   ├── 我理解：
│   └── 我掌握：
├── 我在活动后的反思
│   ├── ①
│   ├── ②
│   └── ③
└── 我在活动后的行动
    ├── ①
    ├── ②
    └── ③
```

活动延伸

◆ 写

1. 学会使用微信小程序"微信辟谣助手"，通过"微信辟谣助手"辨别实际遇到的各种虚假信息。

2. 阅读《麦肯锡思维》，并写下不少于 200 字的阅读感想。

139

活动 29　应对突变我能行

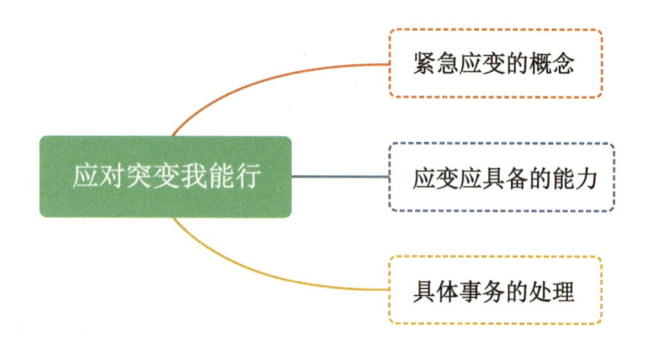

```
应对突变我能行 ─┬─ 紧急应变的概念
              ├─ 应变应具备的能力
              └─ 具体事务的处理
```

活动目标

1. 了解紧急应变的概念。
2. 了解应变应具备的能力。
3. 学会具体事务的处理。

活动探究

情境导入

从前有个人叫司马光。他小时候，常跟小朋友们在花园里玩儿。花园里有一座假山，假山旁边有一口大水缸。有一回，有个小朋友在假山上玩儿，不小心掉到大水缸里了。

小朋友们都慌了，有的叫着喊着跑了，有的跑去找大人。

司马光没有跑。他搬起一块石头，使劲儿砸那口缸，几下子就把缸砸破了。缸里的水流出来，掉在缸里的小朋友终于得救了。

🛟 学生思考

1. 通过阅读上面这个故事，你有什么体会？

2. 如果是你遇到这样的情况，你会怎么做呢？

✺ 知识探究

应变处理能力是指面对意外事件，能迅速地做出反应，寻求合适的方法，使事件得以妥善解决的能力。人一生中常常会遇到各种各样的突发事件，有时微不足道，有时则会对其一生产生巨大影响。无论是大事还是小事，关键在于如何处理，即是否能正确判断、迅速反应、及时行动。

人们在工作中常常会遇到一些突发事件，如果缺乏必要的应变处理能力，就会在突发事件面前手足无措，不知如何处理。当这些突发事件是重大事件时，处理不好就会造成很大影响。同时，只有具备了较强的应变处理能力和反应力，才能对工作中出现的问题迅速、准确地做出反应，进而提高工作效率。

活动体验

◆ 画

请填写以下表格，在适合的选项后划"√"。

内　　容	你的答案（请在括号里画"√"）
1. 平时是否经常参加有挑战的活动	经常（　）；一般（　）；从不（　）
2. 你的自身修养	较好（　）；一般（　）；差（　）
3. 改变不良习惯和惰性	经常（　）；偶尔（　）；从不（　）
4. 多学习，多思考	很多（　）；一般（　）；没有（　）
5. 遇事常能保持冷静	能（　）；偶尔（　）；极少（　）
6. 向领导请示、汇报工作	经常（　）；偶尔（　）；从不（　）

◆ 填

根据上表填写情况，找出差距，提出改进方案，并记录下来。

讨论

班级同学分成若干小组进行讨论：假如你的领导要你同他一起参加一个重要会议，可是在大会开始前半小时他突然病倒不能出席会议，你将如何处理此事？

活动回顾

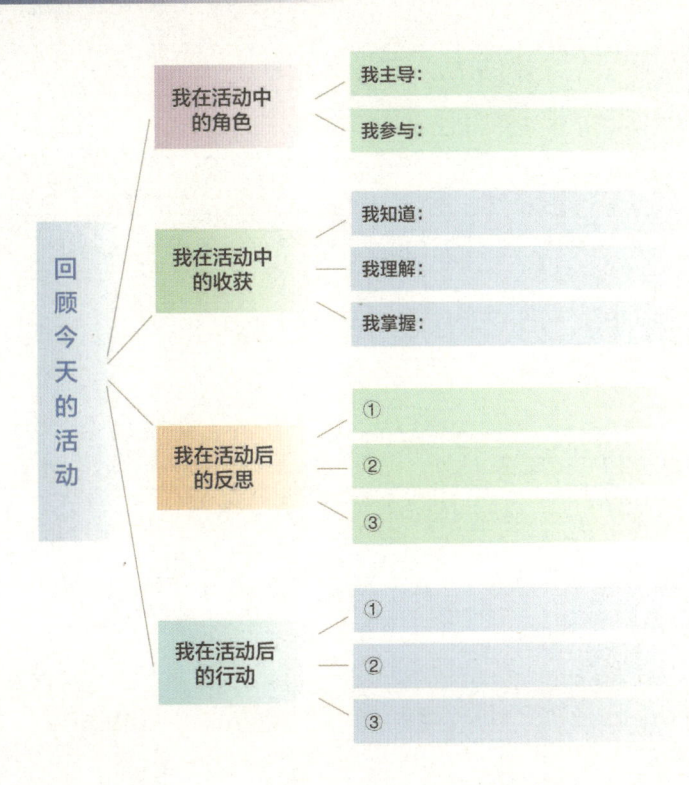

回顾今天的活动
- 我在活动中的角色
  - 我主导：
  - 我参与：
- 我在活动中的收获
  - 我知道：
  - 我理解：
  - 我掌握：
- 我在活动后的反思
  - ①
  - ②
  - ③
- 我在活动后的行动
  - ①
  - ②
  - ③

活动 29

143

活动延伸

◆ 写

1. 观看电影《烈火英雄》，写下你的观后感。

2. 阅读《极简思考》，并写下不少于 200 字的读后感。

活动 30　遇事不慌我能做

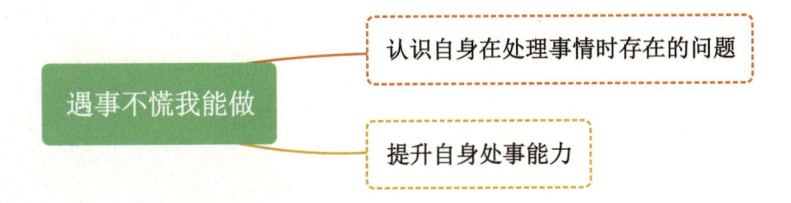

```
遇事不慌我能做 ── 认识自身在处理事情时存在的问题
              └─ 提升自身处事能力
```

活动目标

1. 认识自身在处理事情时存在的问题。
2. 提升自身处事能力。

活动探究

情境导入

　　1736 年 1 月 19 日，瓦特出生在一个机械工匠世家，从小就接触了很多有关机械的知识，并对这些知识进行了深入研究。瓦特长大后，从事机械修理工作，开始在这一行显示出过人的才能。

　　后来，瓦特来到格拉斯哥大学当了一名仪器修理工。在工作中，他接触到很多以蒸汽作为动力的机械，大大开阔了自己的眼界，并对蒸汽机产生了极大的兴趣。

　　一次，学校领导让瓦特修理一台纽可门蒸汽机。但是，在此之前瓦特从来没有接触过这种机器，顿时产生了一些畏难的心理，但他最终还是不怕困难，毅然接下了这份工作。在修理的过程中，他遇到疑问首先去请教有经验的前辈，同时认真翻阅相关专业书籍，研究蒸汽机的结构和工作原理，并发现了纽可门蒸汽机存在的一些问题：由于汽缸时冷时热，蒸汽的利用率很低，而且活塞的活动时断时续，速度比较慢，很容易漏气。瓦特在修好这台纽可门蒸汽机之后，便经常思考如何改进现有的蒸汽机。

145

学生思考

1. 通过阅读以上内容，你有什么收获和启发？

2. 针对你遇事的处理方式，请写出你阅读故事之前和之后的想法。

阅读故事之前的想法	阅读故事之后的想法

知识探究

1. 慌张

心里不沉着，动作忙乱，如神色慌张。

2. 冷静

人少而静；不热闹。沉着而不感情用事，如头脑冷静。

生活和工作中意外之事时有发生，面对这些让人猝不及防的事情，你的临场应变能力就决定了事情处理结果的好坏。随机应变能力既可以天生,也能后天培养。能力强的人一般遇事都能做到临危不乱、处变不惊,让人不免心生敬意。

活动体验

写

1. 在你的生活和学习过程中是否遇到过一些突发事件?请你举例说明,并写下你是如何处理的。

2. 要做到遇事不慌、做事不乱,应该从哪些方面进行锻炼和培养?

职业精神培育

活动回顾

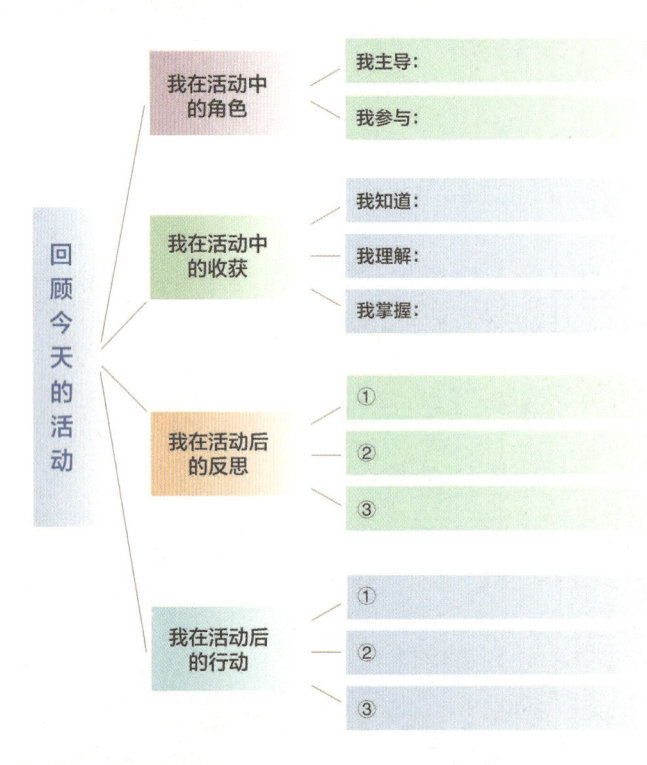

回顾今天的活动
- 我在活动中的角色
  - 我主导：
  - 我参与：
- 我在活动中的收获
  - 我知道：
  - 我理解：
  - 我掌握：
- 我在活动后的反思
  - ①
  - ②
  - ③
- 我在活动后的行动
  - ①
  - ②
  - ③

活动延伸

测

1. 小测试

（1）你在一条僻静的小路上行走，忽然听到一声震耳欲聋的巨响，这时你（　　）。

　　A. 被震惊了一下，但是很快转向巨响的位置，判断出发生巨响的原因

　　B. 被吓得尖叫了一声，本能地转向巨响传来的方位，即使判断出巨响的原因，心里还是在怦怦乱跳

　　C. 被吓得连叫带跳，不由自主地东张西望，心里怦怦乱跳，两脚发软

（2）你骑自行车下班回家，途中看见马路对面发生一起车祸，

这时你（　　）。

  A. 放下自行车，很快穿过马路，看怎样能助一臂之力

  B. 有点害怕，但还是走过去看个究竟

  C. 看到这种场面心惊肉跳，甚至连看都不敢看一眼就离开了

（3）你在电影院或电视屏幕上看到较为暴力的情景时，（　　）。

  A. 有点震惊，但并不害怕

  B. 感到害怕，赶快把目光移开

  C. 很注意，想仔细看个究竟

（4）你到朋友家去串门，发现朋友家发生了一件不幸的事情，朋友的家人都沉浸在悲痛之中，这时你（　　）。

  A. 尽快向邻居或朋友本人简单了解一下事情发生的大概情况，安慰并帮助朋友

  B. 说几句安慰的话后，不知道该怎么办

  C. 什么都说不出来，也不知道该怎么办，或者和朋友一起悲痛

（5）在很窄的街道上，你骑自行车急驶到拐弯的地方，突然看到前面有一个小伙子也快速地骑着自行车急驶而来，这时你会（　　）。

  A. 急着提醒对方，并尽快刹车

  B. 还没弄清楚怎么回事就撞上去了

  C. 迅速调整自行车方向，避开对方

（6）你正聚精会神考虑处理一件事情的对策，突然有人告诉你一件与你手头工作无关的事，这时你会（　　）。

  A. 只记住其中一部分

  B. 顾不上听，没印象

  C. 记得清清楚楚

（7）平时你身体很好，但是在体检时医生告诉你身上某个部位需要动手术，听到这个消息后，你会（　　）。

  A. 终日提心吊胆、惶恐不安，担心手术出问题

  B. 相信医生，相信手术不会出问题

  C. 不管不顾

（8）你在公司正忙着工作时，突然发现一位同事触电，这时你会（   ）。

  A. 两眼发呆，两腿发软

  B. 立即切断电源

  C. 慌了手脚，不知如何是好

（9）乘公交车时，你的钱包在你掏口袋时掉落在公交车上了，这时你（   ）。

  A. 不大可能察觉，等到用钱时才发现，至于时间、地点已没有印象

  B. 立即察觉，并将钱包捡起来

  C. 当时没察觉，事后才能回忆起部分情景

（10）冬天飘雪的夜晚，你独自一人走在乡间的小道上，突然听到了狗叫，这时你会（   ）。

  A. 若无其事，继续走路

  B. 心里七上八下

  C. 吓得躲起来

评分标准：请对照下表统计分数。

题号	A	B	C
1	1	3	5
2	1	3	5
3	3	5	1
4	1	3	5
5	3	5	1
6	3	5	1
7	5	1	3
8	5	1	3
9	5	1	3
10	1	3	5

诊断结果分析：

10~18 分：危机处理能力强。你有胆识，果断，灵活，处理意外事件能力强。

19~38 分：有一定的危机处理能力。你有一般事故的应急能力，胆识对于大的或特别的事故则未必让人称道。

39~50 分：危机处理能力有待提高。今后处事一定要冷静，在冷静的情况下才能解决一系列问题，从而避免更大的损失。

2. 歌曲推介：《我相信》《隐形的翅膀》。

3. 阅读《麦肯锡工作法》，并写下不少于 200 字的感想。

职业精神培育

活动 31　技术引领未来

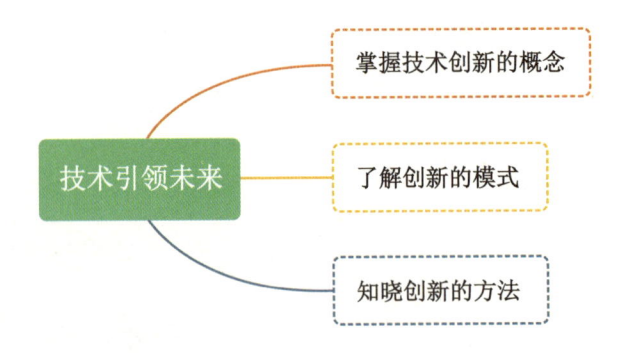

技术引领未来
- 掌握技术创新的概念
- 了解创新的模式
- 知晓创新的方法

活动目标

1. 掌握技术创新的概念。
2. 了解技术创新的三种模式。
3. 全面开展技术创新。

活动探究

❋ 情境导入

格力负责人在 2017 年的全国两会期间成为大众的焦点，相比之下，格力空调曾经的"偶像"，早就开始多元化之路的春兰集团掌门人却鲜有人知。几十年前，那时还没有"一晚低至一度电"的美的和"掌握核心科技"的格力，只有春兰称霸中国空调市场。1994 年，春兰实现销售额 53 亿元人民币，而格力只有 6 亿元。曾经春兰被有关部门授予"中国空调之王"的称号。2003 年，产销量突破 3000 万台，而春兰负责人也在 2002 年当选"十大经济年度人物"。但是春兰在自己的核心业务上缺乏足够的创新意识，反而开始往汽车、摩托车以及酒店等领域进军，以致短短几年，就被格力和美的赶超。而现在提起春兰空调，已经很少有人会想到了！

学生思考

1. 你听说过春兰空调吗?

2. 现在你家里用的是什么品牌的空调?

知识探究

技术创新,是指生产技术的创新,包括开发新技术,或者将已有的技术进行应用创新。科学是技术之源,技术是产业之源,技术创新建立在科学道理的发现基础之上,而产业创新主要建立在技术创新基础之上。

技术创新分为独立创新、合作创新、引进再创新三种模式。

技术进步是指技术所涵盖的各种形式知识的积累与改进。在开放经济中,技术进步的途径主要有三个方面,即技术创新、技术扩散、技术转移与引进。对于后发国家来说,工业化的赶超就是技术的赶超。根据当前的情况,后发国家技术赶超应该分为三个阶段:第一阶段,以自由贸易和技术引进为主,主要通过引进技术,加速自己的技术进步,促进产业结构升级;第二阶段,技术引进与技术开发并重，实施适度的贸易保护，国家对资源进行重新配置，通过有选择的产业政策，打破发达国家的技术垄断，进一步提升产业结构；第三阶段，必须以技术的自主开发为主，面对的是新兴的高技术产业，国家主要通过产业政策，加强与发达国家跨国公司的合作与交流，占领产业制高点，获得先发优势和经济规模，将动态的比较优势与静态的比较优势结合起来，兼顾长期利益与短期利益，宏观平衡与微观效率，有效地配置资源，实现跨越式赶超。目前国内城市主要通过各类高新技术园区和开发区来完成技术赶超工作，政府通过政策等引导资金、技术、人才、产业等的集聚来孵化高新企业和高新技术。

活动体验

说

第一小组同学针对"春兰"空调案例，说说对技术创新的认识。

看

在老师的指导下，第二小组同学通过网络查阅春兰空调和格力空调在技术创新上的区别。

演

第三小组同学根据自己对空调的实际需求，互相推荐：你认为空调在哪些技术上对顾客最有吸引力？

讲

第四小组同学围绕所学专业，结合技术创新，准备 3 分钟演讲，演讲后由 1 位同学分享学习体会。

评

由每个小组推选 1 位同学担任活动评审员组成评审组，分别对以上 4 组的表现进行评分，同时评选出 1 位最佳同学，最后由 1 位同学进行点评。

活动回顾

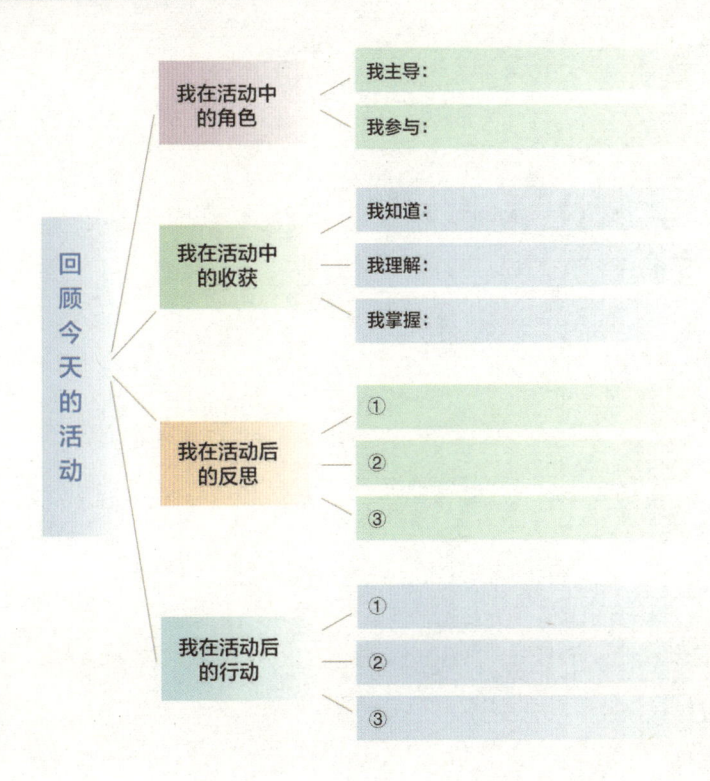

回顾今天的活动
- 我在活动中的角色
  - 我主导：
  - 我参与：
- 我在活动中的收获
  - 我知道：
  - 我理解：
  - 我掌握：
- 我在活动后的反思
  - ①
  - ②
  - ③
- 我在活动后的行动
  - ①
  - ②
  - ③

活动延伸

写

观看《创新中国》纪录片,并写一篇不少于 200 字的观后感。

活动 32 大众创业，万众创新

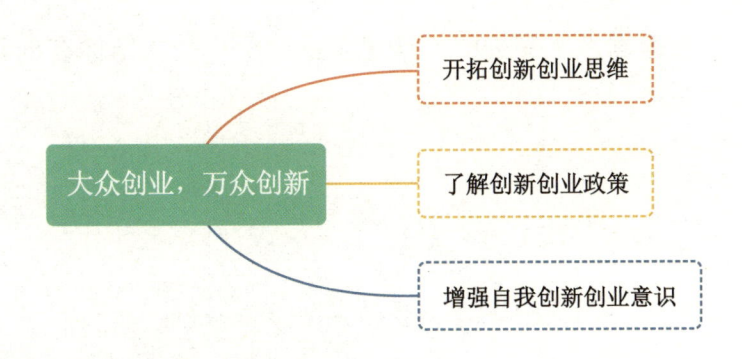

```
大众创业，万众创新 ─┬─ 开拓创新创业思维
                    ├─ 了解创新创业政策
                    └─ 增强自我创新创业意识
```

活动目标

1. 开拓创新创业思维。
2. 了解创新创业政策。
3. 增强自我创新创业意识。

活动探究

情境导入

创新是一个艰难的过程，艰难之处就在于拥有创新意识，打破原有思维的限制和束缚。

蜗牛和蝶蛹在一起聊天，突然看到一只美丽的蝴蝶在花丛中飞舞，她俩非常羡慕，就问："我们能不能像你一样在阳光下自由地飞舞？"

蝴蝶告诉她们："我原先也和你们一样，整天在地上灌木丛中生活，不见天日。但是我渴望蓝天，因此努力改变。我得出两个结论：第一，你必须有渴望飞翔的想法；第二，你必须有脱离你那非常安全、非常温暖的巢穴的勇气。"

蜗牛心想：这是不是就意味着死亡？然后一声不吭地默默离开。而蝶蛹则继续询问蝴蝶，蝴蝶说："从蛹的生命意义上说，你已经死亡了；从蝴蝶的生命意义上说，你又获得了新生。"然后就飞走了。蝶蛹则暗暗下定决心，打破固有的想法，积极探索创新改变，不久就羽化成蝶，飞翔在天空之中。

◉ 学生思考

这个故事寓意是深刻的。请思考：这个小故事给你在创新意识方面的启示是什么？

✦ 知识探究

活动：创新思维游戏

步骤：

1. 在白纸上画出 9 个黑点（如下所示）。

$$\begin{matrix} \cdot & \cdot & \cdot \\ \cdot & \cdot & \cdot \\ \cdot & \cdot & \cdot \end{matrix}$$

2. 请同学们开动脑筋，只用四条相接的直线将 9 个黑点连接起来。

要求：直线必须两两相连，不能相互重叠。

活动体验

◆ 说

第一小组同学说一说化蝶故事、创新思维游戏与国家对于创新创业政策相互之间的关系。

看

在老师的指导下，第二小组同学上网搜集"大众创业、万众创新"相关的政策，并由1位同学分享小组的学习体会。

演

第三小组同学自编自演以"创业、创新"为主题的3分钟情景剧，演出后由1位同学分享小组的学习体会。

讲

第四小组同学围绕所学专业，以"大众创业、万众创新"为主题，准备3分钟演讲，演讲后由1位同学分享小组的学习体会。

评

由每个小组推选1位同学担任活动评审员组成评审组，分别对以上小组的表现进行评分，同时评选出1位最佳同学，最后由1位同学进行点评。

职业精神培育

活动回顾

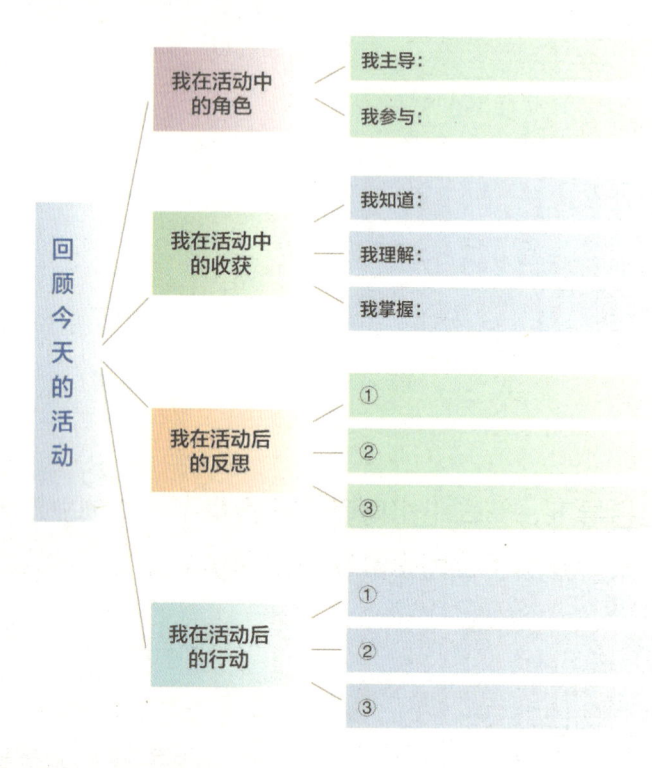

回顾今天的活动
- 我在活动中的角色
  - 我主导：
  - 我参与：
- 我在活动中的收获
  - 我知道：
  - 我理解：
  - 我掌握：
- 我在活动后的反思
  - ①
  - ②
  - ③
- 我在活动后的行动
  - ①
  - ②
  - ③

活动延伸

想

结合课堂所学和上网搜集的创新、创业相关政策，回答以下问题。

1. 国家有哪些实际措施鼓励和支持"大众创业、万众创新"？

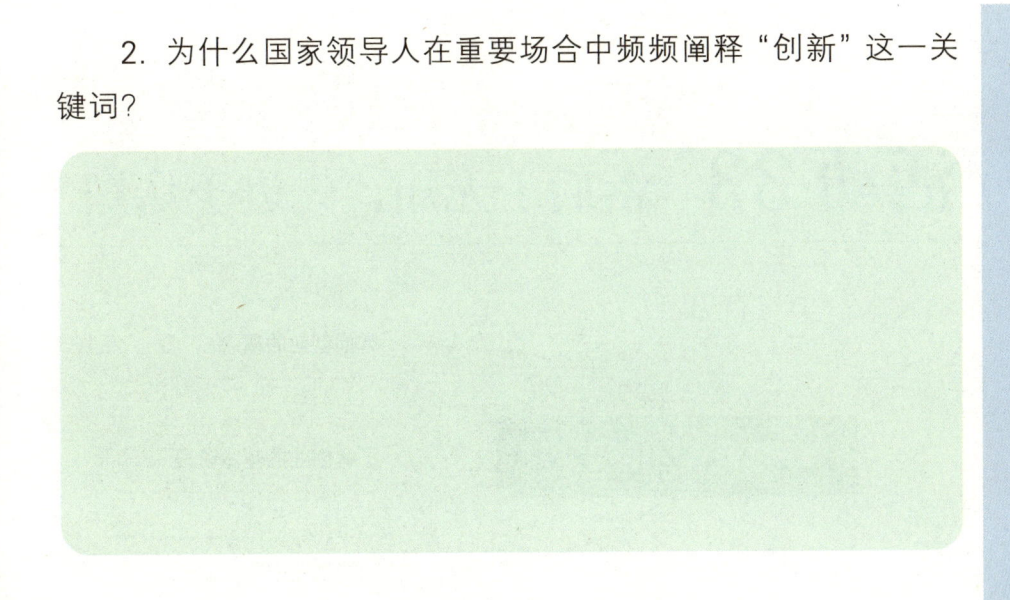

2. 为什么国家领导人在重要场合中频频阐释"创新"这一关键词?

活动 33　落后于无知，先进于认知

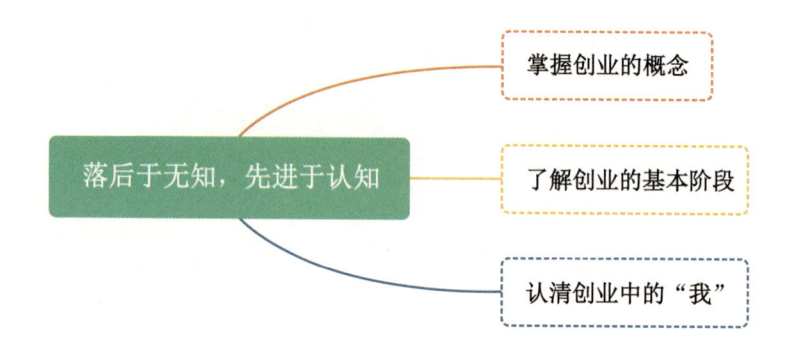

```
                          ┌─ 掌握创业的概念
落后于无知，先进于认知 ────┼─ 了解创业的基本阶段
                          └─ 认清创业中的"我"
```

活动目标

1. 掌握创业的概念。
2. 了解创业的基本阶段。
3. 了解创业中的自身情况，改进自身问题。

活动探究

情境导入

纪昌向飞卫学射箭，飞卫没有传授具体的射箭技巧，却要求他必须学会盯住目标而眼睛不能眨动。纪昌花了两年时间，练到即使锥子向眼角刺来也不眨一下眼睛的功夫。飞卫又进一步要求纪昌练眼力，标准要达到将体积较小的东西能够清晰地放大，就像在近处看到一样。纪昌又苦练三年，终于能将最小的虱子看成车轮一样大，纪昌张开弓，轻而易举地一箭便将虱子射穿。飞卫得知结果后，对这个徒弟极为满意。

学习射箭必须先练眼力，基础的动作扎实了，应用就可以千变万化。企业的经营也是一样，基本的人事、财务、技术、业务一定要好好掌握，那么后续就可以大展宏图了。创业犹如修塔，如果只想往上砌砖，而忘记打牢基础，总有一天塔会倒塌。

学生思考

1. 你觉得纪昌为什么能轻而易举地一箭便将虱子射穿？

2. 飞卫为什么不直接传授具体的射箭技巧，却要求纪昌必须学会盯住目标而眼睛不能眨动？

知识探究

创业是创业者对自己拥有的资源或通过努力能够拥有的资源进行优化整合，从而创造出更大经济或社会价值的过程。创业是一种劳动方式，是一种需要创业者运营、组织、运用服务、技术、器物等进行作业的思考、推理和判断的行为。

创业有以下几个基本阶段：

第一阶段，生存阶段。以产品和技术来占领市场，只要有想法（点子）、会"搞关系"（销售）就可以。

第二阶段，公司化阶段。通过规范管理来增加企业效益，这时需要创业者的思维从想法提升到思考的高度，而原先的"搞关系"就转变成一个个渠道的建设，公司的销售是依靠渠道来完成的，团队也初步形成。

第三阶段，集团化阶段。这时依靠的是硬实力（产业化的核心竞争力），整个集团和子公司形成了系统平台，依靠的是一个个团队通过系统平台来完成管理(人治变成了公司治理)，销售变成了营销，区域性渠道转变成一个个地区性的网络，从而形成了系统。思维从平面到三维。创业者有了现金流系统，而且是 24 小时工作的，这是许多创业者梦想达到的理想状态。

第四阶段，集团总部阶段。这是创业者的最高境界，是一种无国界的经营，也就是俗称的跨国公司。集团总部的系统平台和各子集团的运营系统形成一种体系。集团总部依靠的是一种可跨越行业边界的无边界核心竞争力（软实力），子集团形成的是行业核心竞争力（硬实力），这样将使集团在各行各业取得它们在单兵作战的情况下所无法取得的业绩水平和速度。思维已从三维到多维。这才是企业发展所能追求和达到的最高境界。

活动体验

说

第一小组同学针对纪昌学箭的故事，说说自己对创业认知的看法。

活动 33

◆ 看

在老师的指导下,第二小组同学上网搜集创业相关知识和案例,并结合上一节创新相关内容谈一谈自己的学习体会。

◆ 讲

第三小组同学围绕所学专业,结合创业认知,准备 3 分钟演讲,演讲后由 1 位同学分享小组的学习体会。

◆ 评

由每个小组推选 1 位同学担任活动评审员组成评审组,分别对以上 3 组的表现进行评分,同时评选出 1 位最佳同学,最后由 1 位同学进行点评。

活动回顾

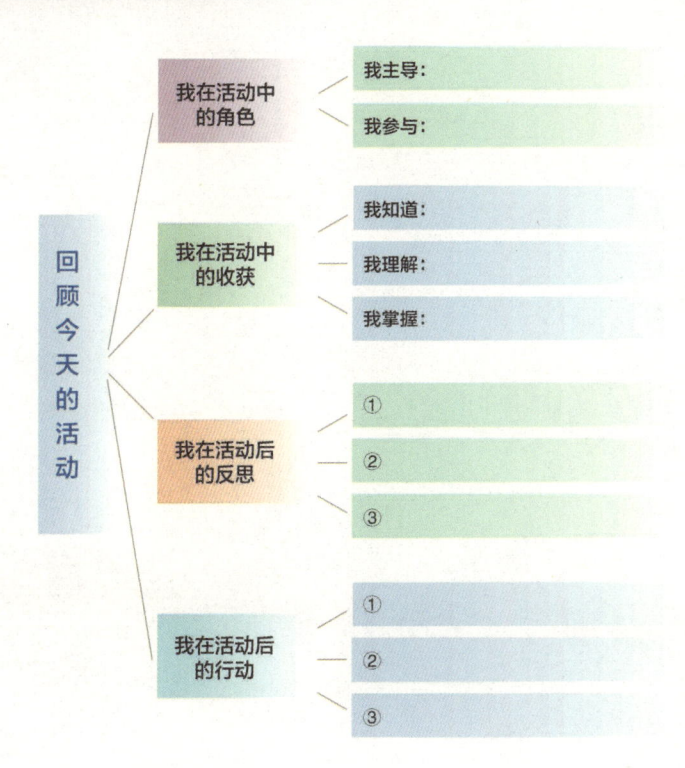

回顾今天的活动
- 我在活动中的角色
  - 我主导:
  - 我参与:
- 我在活动中的收获
  - 我知道:
  - 我理解:
  - 我掌握:
- 我在活动后的反思
  - ①
  - ②
  - ③
- 我在活动后的行动
  - ①
  - ②
  - ③

活动延伸

写

搜集身边的创业成功案例,根据课堂所学,结合实际,总结其成功的原因。

活动 34 细节决定创业成败

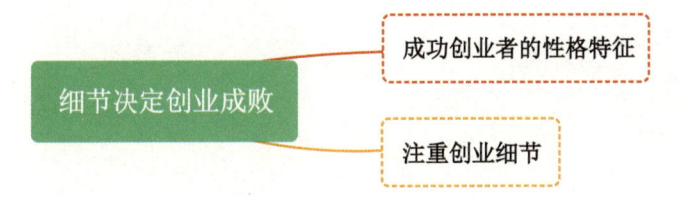

```
细节决定创业成败 ─── 成功创业者的性格特征
                └── 注重创业细节
```

活动目标

1. 了解成功创业者的性格特征。
2. 注重创业细节。

活动探究

情境导入

许多人听说过《宝莲灯》里面的人物和剧情。沉香为了劈开华山救出母亲，因而跟着高人学习武功，但是每次都是"差不多、差不多"，因而点到即止，基础不牢。后来在一次和二郎真君的打斗中，总是"差一点儿、差一点儿"，然后二郎真君有些生气地说："一定是在练功的时候，总是差不多、差不多，到了关键时刻就差一点儿。"

二郎真君批评沉香学武的时候对练基本功要求不扎实，以致关键时刻总是差一点儿。其实二郎真君是在不断地磨炼沉香。

🎯 学生思考

请问沉香在学习新功夫（创业）方面有着怎样的认识？

✳ 知识探究

　　课前准备：老师为每位同学准备一张纸，上面有五个关于成功创业者的性格特征的小故事，分别为积极性、激情、适应性、领导力和雄心壮志。

　　活动：连线游戏

　　步骤：

　　1. 将纸发给每位学生，让其自己读故事，并进行连线。

　　2. 分别选择 5 位同学阐述自己为何这样连接。

积极性	某集团创始人的激情，从他对创建公司的强烈欲望中可窥一斑。始建于1970年的该集团，旗下拥有超过200家公司，业务范围涵盖音乐、出版、移动电话等。有人曾打过一个比方，"生意就好像公共汽车，总会有下一班车过来。"
激情	某创始人非常清楚积极思考的能量。他以"每个挑战都是一次机会"为座右铭。事实上，他把一家很小的互联网创业公司，发展成全球最大的书店之一。
适应性	某公司创办人，不仅对变化及时做出反应，还引领发展方向。凭借众多新创意，不断引领互联网发展，将人们的所见所为提升到一个前所未有的新境界。你可以想象他们的技术带来的变化。拥有这种先锋精神，也无怪乎他们能跻身强大的网络公司行列。
领导力	一个20岁的年轻人，原本是一个年轻的家庭主妇。1977年，她开设了自己第一家店，后来她拥有600多个销售点，遍布全球。
雄心壮志	一名销售员，1963年用5000美元创办了公司。她以具有强大驱动力和富于灵感的领导风格闻名，她甚至会将昂贵的轿车奖给顶尖的销售者。由于其强大的领导力技巧，她被认为是近35年来最具影响力的25位商业领袖之一，而该企业也被评为最适合工作的企业之一。

活动体验

◆ 说

第一小组同学说一说沉香后来拥有盖世神功，成功救出自己的母亲，他的成功与上面的连线游戏之间有什么联系？

◆ 看

在老师的指导下，第二小组同学上网找一找沉香劈山救母的图片，看看有什么收获。

◆ 演

第三小组同学自编自导自演有关"创业认知"的 3 分钟情景剧，演出后由 1 位同学分享小组的学习体会。

◆ 讲

第四小组同学围绕所学专业，以"创业认知"为主题，准备 3 分钟演讲，演讲后由 1 位同学分享小组的学习体会。

◆ 评

由每个小组推选 1 位同学担任活动评审员组成评审组，分别对以上小组的表现进行评分，同时评选出 1 位最佳同学，最后由 1 位同学进行点评。

活动回顾

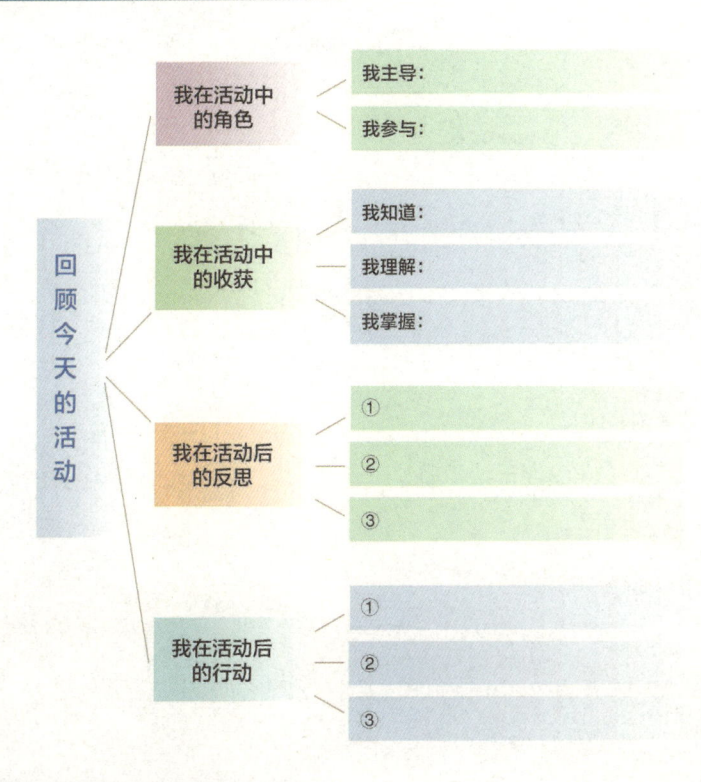

回顾今天的活动
- 我在活动中的角色
  - 我主导：
  - 我参与：
- 我在活动中的收获
  - 我知道：
  - 我理解：
  - 我掌握：
- 我在活动后的反思
  - ①
  - ②
  - ③
- 我在活动后的行动
  - ①
  - ②
  - ③

活动延伸

◆ 想

结合课堂所学和上网搜索的创业精神及其基本特征，回答以下问题。

1. 大家认为创业认知最重要的是什么？

2. 创业认知中究竟何为不怕失败?

活动 35 实践是创业的必经之路

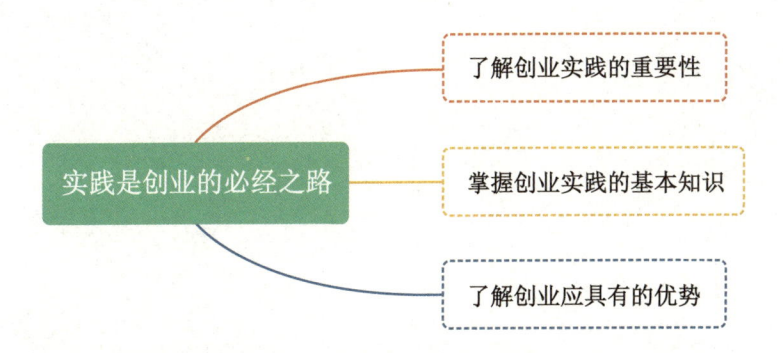

```
                          ┌─ 了解创业实践的重要性
实践是创业的必经之路 ──────┼─ 掌握创业实践的基本知识
                          └─ 了解创业应具有的优势
```

活动目标

1. 了解创业实践的重要性。
2. 掌握创业实践需要的基本知识。
3. 了解自身情况，改进自身问题。

活动探究

❋ 情境导入

1987 年 9 月，任正非找朋友凑了 2.1 万元，在深圳注册成立了华为技术有限公司。经过 30 多年的艰苦奋斗，华为由一个小公司成长为全球通信技术行业的领导者和世界 500 强头部企业，业务遍布全球 170 多个国家和地区，2020 年销售收入达到 8914 亿元人民币，其中销售收入的一半以上都来自海外市场，创造了世界企业发展史上的奇迹。

学生思考

1. 搜一搜华为的相关资讯，你觉得华为成功的原因是什么？

2. 华为的成功展现了怎样的创业实践？

知识探究

想要创业成功，事前准备的工夫不可少。

撰写创业企划书：企划书的撰写，对整个创业过程而言，不仅是必要的，而且非常重要。

创业资金筹措：万事开头难，资金不够，想创业更难。

如何选定行业、决定产品：在选定自己想要创业的行业之前，一定要先衡量自己的创业资金有多少，因为各行业的总投资有高有低，每一种行业都不一样，所以，先衡量自己所拥有的资金能够进入哪些行业，再来做进一步的规划。

在创业实践之前，最好先到同类的企业工作，一来可以学习经营技术及实战经验；二来也可以考验一下自己究竟适不适合这个行业。创业准备阶段其实是一个很难得的机会，让创业者了解自己，并了解创业的机会，在这个过程中，创业者就能发现自己的不足和优势，这样才能扬长避短，才能给自己的创业打好一个坚实的基础。

活动体验

💠 说

第一小组同学针对华为的创业之路,说说华为是怎样进行创业实践的。

💠 看

在老师的指导下,第二小组同学比较身边人的手机,看一看各自的手机有无区别。

💠 演

在老师的指导下,第三小组同学注册一个网络店铺,模拟在网络平台进行创业实践。

💠 讲

第四小组同学围绕所学专业,结合网络开店创业,准备3分钟演讲,演讲后由1位同学分享小组的学习体会。

💠 评

由每个小组推选1位同学担任活动评审员组成评审组,分别对以上4组的表现进行评分,同时评选出1位最佳同学,最后由1位同学进行点评。

活动回顾

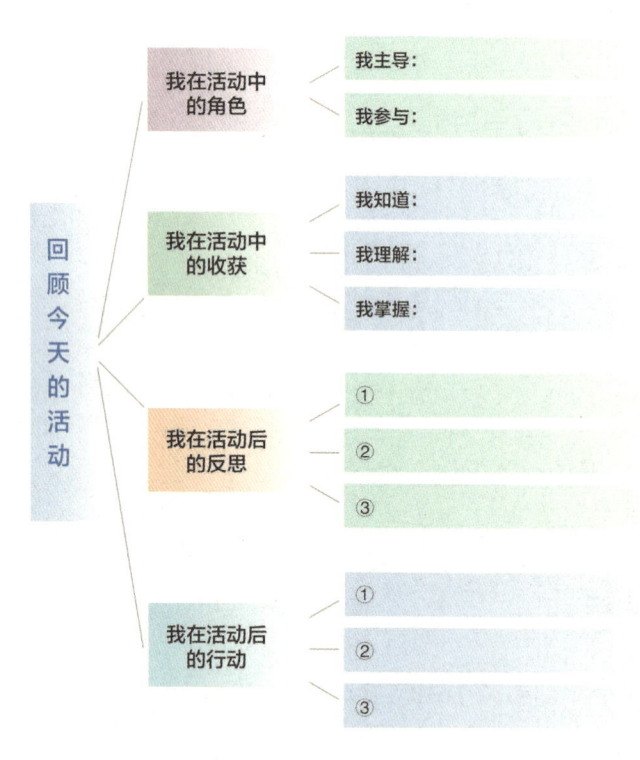

回顾今天的活动
- 我在活动中的角色
  - 我主导：
  - 我参与：
- 我在活动中的收获
  - 我知道：
  - 我理解：
  - 我掌握：
- 我在活动后的反思
  - ①
  - ②
  - ③
- 我在活动后的行动
  - ①
  - ②
  - ③

活动延伸

想

结合课堂所学和上网搜集创业实践相关知识，回答以下问题。

1. 你认为创业实践最重要的是什么？

2. 创业实践中究竟何为不怕失败?

活动 36　成功永远属于不怕失败的人

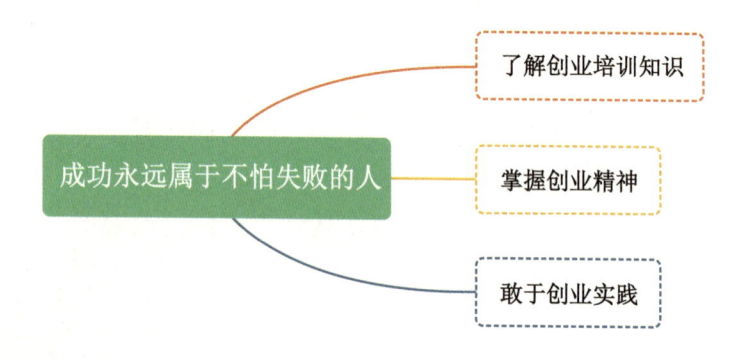

成功永远属于不怕失败的人 ── 了解创业培训知识
　　　　　　　　　　　　　── 掌握创业精神
　　　　　　　　　　　　　── 敢于创业实践

活动目标

1. 了解创业培训相关知识。
2. 掌握创业实践的精神。
3. 了解自身情况，改进自身问题。

活动探究

情境导入

一个烈日炎炎的下午，一位饱受烈日曝晒之苦的人，汗流浃背地拎着两大盒领带，疲惫不堪地走在香港尖沙咀旅游区的洋服店一带兜售。他已经辛苦地奔跑了一个下午，跑了十几家店铺，却毫无所获。

一次，一家洋服店老板恶狠狠地、大声吼叫着把他赶了出去，他见到自己像要饭的乞丐一样遭人呵斥、被人驱赶，一时间百感交集的酸楚涌上心头。没有人来抚慰他、帮助他，他以最快的速度擦去不断夺眶而出的热泪。但他没有半点退缩的余地，独自安慰着自己，依然重新露出笑颜，继续走街串巷，兜售领带。由于他敢于面对现实，努力奋斗，坚韧不拔，对自己的事业有着锲而不舍的创业精神，最终成长为一名成功的企业家。他就是海内外知名的领带大王——香港"金利来"集团主席曾宪梓。

一个人的成功不是一蹴而就的，往往要经历种种磨难。

学生思考

香港"金利来"集团主席曾宪梓在创业方面有着怎样的创业认知？

知识探究

准备相同大小的积木。

1. 头脑风暴行动

活动：搭积木游戏

步骤：

（1）每组共同搭建，搭建前给3分钟考虑时间。

（2）5分钟内，用的积木最多的那一组获胜。

2. 了解国家有关创业培训的政策

结合自己的了解，上网搜集国家关于创业培训的政策内容。

活动体验

说

第一小组同学说一说香港"金利来"集团的成功创业与上面的

游戏之间有什么联系。

看

在老师的指导下，第二小组同学上网找一找"金利来"集团的创业故事，看看有什么收获。

演

第三小组同学自编自导自演"创业不怕失败"的3分钟情景剧，演出后由1位同学分享小组的学习体会。

讲

第四小组同学围绕所学专业，以"创业不怕失败"为主题，准备3分钟演讲，演讲后由1位同学分享小组的学习体会。

评

由每个小组推选1位同学担任活动评审员组成评审组，分别对以上小组的表现进行评分，同时评选出1位最佳同学，最后由1位同学进行点评。

活动回顾

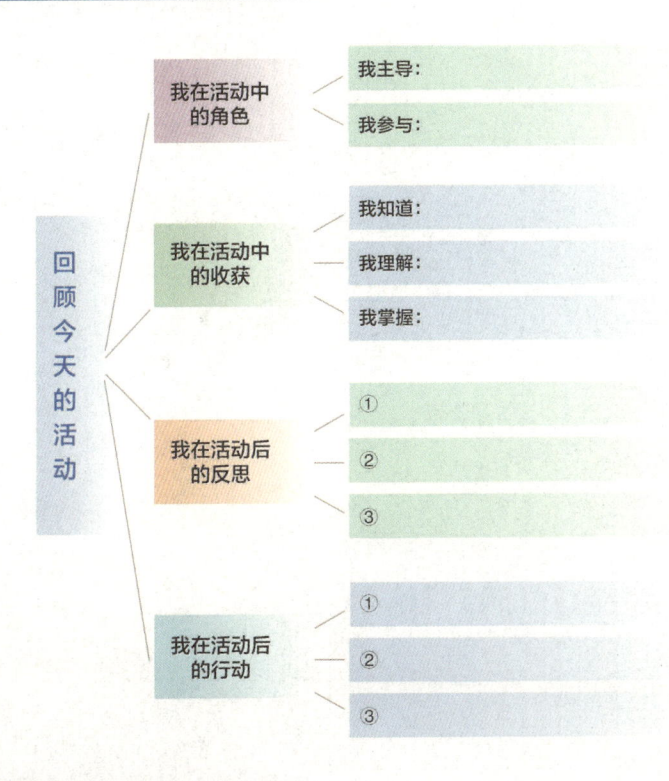

回顾今天的活动
- 我在活动中的角色
  - 我主导：
  - 我参与：
- 我在活动中的收获
  - 我知道：
  - 我理解：
  - 我掌握：
- 我在活动后的反思
  - ①
  - ②
  - ③
- 我在活动后的行动
  - ①
  - ②
  - ③

活动延伸

想

在老师的指导下，观看黄炎培创业大赛优秀作品视频，并根据课堂所学的创业基本知识，设计一个主题创业。

反侵权盗版声明

电子工业出版社依法对本作品享有专有出版权。任何未经权利人书面许可，复制、销售或通过信息网络传播本作品的行为；歪曲、篡改、剽窃本作品的行为，均违反《中华人民共和国著作权法》，其行为人应承担相应的民事责任和行政责任，构成犯罪的，将被依法追究刑事责任。

为了维护市场秩序，保护权利人的合法权益，我社将依法查处和打击侵权盗版的单位和个人。欢迎社会各界人士积极举报侵权盗版行为，本社将奖励举报有功人员，并保证举报人的信息不被泄露。

举报电话：（010）88254396；（010）88258888
传　　真：（010）88254397
E-mail：　dbqq@phei.com.cn
通信地址：北京市万寿路173信箱
　　　　　电子工业出版社总编办公室
邮　　编：100036